IGNÁCIO DE LOYOLA BRANDÃO

O Primeiro Emprego
Uma breve visão

© Ignácio de Loyola Brandão, 2003
1ª Edição, Global Editora, São Paulo 2011
1ª Reimpressão, 2017

Jefferson L. Alves – diretor editorial
Flávio Samuel – gerente de produção
Dida Bessana – coordenadora editorial
Tatiana F. Souza – assistente editorial
Tatiana Y. Tanaka e Iara Arakaki – revisão
André Brandão – foto de capa
Eduardo Okuno – direção de arte
Reverson R. Diniz – editoração eletrônica

Obra atualizada conforme o
NOVO ACORDO ORTOGRÁFICO DA LÍNGUA PORTUGUESA.

Dados Internacionais de Catalogação na Publicação (CIP)
(Câmara Brasileira do Livro, SP, Brasil)

Brandão, Ignácio de Loyola, 1936-
   O primeiro emprego : uma breve visão / Ignácio de Loyola Brandão. – São Paulo : Global, 2011.

   ISBN 978-85-260-0838-0

   1. Emprego – Procura 2. Reportagem – Literatura juvenil I. Título.

10-13038   CDD-028.5

Índices para catálogo sistemático:
1. Emprego : Reportagem : Literatura juvenil   028.5

Direitos Reservados

global editora e distribuidora ltda.
Rua Pirapitingui, 111 – Liberdade
CEP 01508-020 – São Paulo – SP
Tel.: (11) 3277-7999 – Fax: (11) 3277-8141
e-mail: global@globaleditora.com.br
www.globaleditora.com.br

Colabore com a produção científica e cultural.
Proibida a reprodução total ou parcial desta obra sem a autorização do editor.

Nº de Catálogo: **2601**

O Primeiro Emprego
Uma breve visão

Apresentação

Estamos assistindo ao mais terrível desemprego dos últimos tempos: diariamente hordas de desempregados se arrastam pelas ruas da cidade, desamparados e em situação-limite, em busca de um emprego que lhes garanta retomar a dignidade perdida.

O desemprego juvenil, sem paralelo na história nacional, emerge como um dos mais graves problemas da inserção do jovem no mundo do trabalho. Uma pesquisa feita pela Unesco revelou que quase a metade dos brasileiros entre 18 e 25 anos não acredita em nenhuma possibilidade de mudar de vida. Sem trabalho, a desesperança agrava-se. Sem perspectivas, são atraídos para o mundo do crime, da droga e da violência.

Assim, ninguém melhor do que o jornalista e escritor Ignácio de Loyola Brandão (com mais de sessenta anos de experiência no jornalismo) para nos dar uma breve visão da realidade do primeiro emprego, falando do passado e traçando um paralelo com o presente.

A partir das dúvidas e pesquisas de sua filha, Maria Rita, Loyola nos segura pelas mãos e nos leva para caminhar pelo túnel do tempo, a desvendar o seu próprio caminho como jornalista. Seu trajeto pode iluminar a história da realização pessoal no Brasil, por meio do trabalho, da profissão escolhida. Os tempos eram outros, poderíamos pensar. Sim, com certeza. Mas as necessidades e dificuldades de ingresso e permanência do jovem no mercado de trabalho pioram a cada dia.

É preciso restituir o direito de cada jovem, de cada pessoa, conquistar com seu trabalho o seu lazer e o seu pão.

Acreditar em si, persistir, insistir sempre: é possível vencer essa batalha. Boa leitura! Sucesso!

Equipe de Edição

Crônica sobre
o filme *Rodolfo Valentino*, escrita
por Loyola e publicada em
13 de agosto de 1952
na *Folha Ferroviária*.
Desde aquele dia, nunca mais parou...
(arquivo pessoal do autor)

Rodolfo Valentino

(Produção de Edward Small) Distribuição da Columbia

Do inesgotavel mercado de Holywood, onde são peritos em fazer peliculas comerciais, nos vem esta fita que não foge à regra. Atualmente Holywood está, com raras exceções, pobre de argumentos, de diretores de pulso, de bons cenaristas, de fotógrafos. A opinião geral é que o cinema americano agoniza e que só com grandes esforços dos bons cineastas (graças a Deus lá ainda os há) êle conseguirá vencer esta grande crise porque passa. Valentino é um filme que bem demonstra essa crise, pois apesar do grande esforço feito por Edward Small para dar ao público uma bôa obra, a tentativa resultou em fracasso. Esse produtor tem por costume interferir no trabalho de seus diretores como é o caso de «Pista Cruenta», prejudicando comumente a pelicula, embora esse prejuizo não seja total. No caso de «VALENTINO», Edward Small, parece não ter interferido na direção de LEWIS ALLEN, que mesmo assim, livre dentro de seu campo de ação não logrou uma boa direção. Podemos dizer que, sem um certo recheio, a história é falsa e não convence, sendo certas situações resolvidas pelo diálogo, resultando ser o filme excessivamente dialogado, e estes bastante vasios e sem originalidade alguma. A uma pessima direção, junta-se um cenário mediocre, bastante artificial e inteiramente independente da direção. Ora, um dos principais fatores na realização de uma bôa pelicula, é a unificação do cenário e direção. Sem um bom cenarista, o Diretor não realiza grande coisa.

«VALENTINO» é um exemplo do que pode resultar, havendo essa desunião — entre o diretor e o cenarista. Ainda falando da direção, podemos dizer que as piores cenas do filme são as de filmagens. De todo o filme salvam-se alguns bons momentos de fotografia, como por exemplo a do ensaio de «La Cumparsita» em que todo «set» está ás escuras, com apenas o refletor iluminando os dois dansarinos. Fotografado como foi, em plano afastado, deu uma bôa impressão. Outra coisa a ressaltar é o «corte» durante o prologo de «Os quatro Cavaleiros do Apocalipse». O Tecnicolor não é de todo mau. Quanto á interpretação, temos que dizer que Anthony Dexter a anunciada descoberta de Edward Small, é um ator da pior classe. Talvez nunca um astro tenha vivido tão mal o seu papel. Os unicos méritos de Anthony Dexter são: uma grande semelhança com Valentino, a sua habilidade como dansarino. Eleanor Parker, tão bem aproveitada por John Cromwell em «A Margem da Vida», aqui está meio desorientada e passeia pelo filme sem saber o que está fazendo. Richard Carlson durante todo o filme se conserva discreto, exceto em algumas cenas de filmagem onde fica desambientado. Compareçem ainda Joseph Calleia, muito bom no papel de Luigi, Patricia Medina e, numa ponta Dona Draks. Francamente, maldigo a hora em que tive a infeliz ideia de assistir a essa biografia multicolorida. Esperamos que o Snr. Edward Small, entusiasmado com o sucesso comercial, não comece agora a fazer as vidas de John Barrymore ou de Greta Garbo. Chega a experiência pois que «VALENTINO» não é cinema: é mercado.

Araraquara, 13 de Agosto de 1952.

Inácio de Loiola L. Brandão

Sumário

Estrada de ferro, banco ou outro futuro?... 17

Jornalista tem salário?... 29

Sonhando com o nome nas telas.. 35

Os memorandos assinados por meu pai.. 41

Uma oferta de emprego irreal 49

Não se exige experiência 61

O medo: e se eu errar?... 67

O bolor das velhas respostas 87

Bibliografia... 97

Glossário.. 99

Bolsa de empregos — São Paulo (Juca Martins/Pulsar).

Abismada, denunciando total perplexidade, Maria Rita, minha filha, aos vinte anos, quando cursava História na Pontifícia Universidade Católica, PUC-SP, lia algumas pesquisas sobre jovens e primeiro emprego, como complemento a um trabalho da faculdade. Ela se mostrava em pânico: "O que vai ser de nós?". Mostrou-me o texto:

> O desemprego total no Brasil atingiu 9,4% da população economicamente ativa. Há 7,5 milhões de pessoas querendo trabalhar, sem conseguir. Em 1994, os desempregados eram menos de 5 milhões. Nenhuma faixa etária tem sido poupada, mas a situação fica mais grave quando os jovens se tornam vítimas preferenciais. Desde o início da década de 80, a economia vem atravessando um processo de ajustes continuado (leia-se corte de vagas)... Na década de 1980, quando o Brasil mergulhou numa recessão provocada pela crise da dívida externa, as companhias conduziram um processo de demissão em massa... No início dos anos 90, durante o processo de abertura econômica, houve um segundo movimento de cortes... E na fase atual, não se pode falar em onda de demissões, mas em represamento.

O artigo de José Eduardo Costa, na revista *Veja*, era curto e contundente. Minha filha e o namorado estavam como que paralisados, me olhando. Sem exagero eu diria que era um pedido de socorro.

— Para onde vamos?
— Não tenho ideia, respondi.
— O que vamos fazer?
— Sei menos ainda.
— Quem pode saber?
— Boa pergunta!

Então começou uma conversa que teve como assunto: Como eram as coisas quando você, pai, tinha a nossa idade? Iguais, piores? Afinal, o que era o Brasil nos anos 1950? Com o que vocês sonhavam? Tinham medo? E o primeiro emprego? Nessa noite não dormi. Como eu, quantos estão fazendo perguntas sobre novas situações e obtendo respostas velhas? Pensei e foi para minha filha e todos os jovens — e adultos, maduros, velhos — que fiz esse relato em que, à medida que delineio o panorama passado, dou *insights* do presente, acrescentando, como contraponto, trechos da pesquisa de Maria Rita. Juntando as peças, o leitor terá a imagem de uma questão que não angustia apenas os jovens e adultos em busca de emprego, mas governantes e empresários, porque se trata de uma preocupação que envolve os destinos do Brasil.

Das pesquisas de Maria Rita:

O desemprego, que já era parte do cenário econômico e social brasileiro na década de 80, nos anos 90 tornou-se um grave problema estrutural. Enquanto o nível de emprego permaneceu praticamente estagnado, o contingente de pessoas desempregadas subiu de 4,5 para 7,6 milhões entre 1992 e 1999 (IBGE, PNAD 1992 e 1999). Várias análises evidenciam que os adolescentes e jovens são os grupos mais atingidos por essa crise. Em 1999, 51% dos brasileiros desempregados tinham até 24 anos. (*Grupo técnico para elaboração de resposta de políticas para adolescentes de baixa escolaridade e renda*, 2002.)

Estrada de ferro, banco ou outro futuro?

Estava chegando aos vinte anos em 1956, e minha mãe me perguntou: "Então, já decidiu a vida? Seu pai não tem como ficar te sustentando; seu irmão já trabalha na estrada de ferro, está na hora de você arranjar um emprego.". A frase, "hora de você arranjar um emprego", ter um trabalho, me deixou assustado. Qualquer jovem pobre, ou remediado, de minha idade não tinha escolha; devia partir em busca de uma colocação para ajudar a sustentar a família. Não se podia pensar muito, era pegar ou largar o que a cidade de Araraquara oferecia e, na verdade, não oferecia muito.

Araraquara na década de 1950 tinha cerca de 60 mil habitantes. Uma cidade média para o interior. Ponto de convergência de duas importantes ferrovias, a Companhia Paulista e a Estrada de Ferro Araraquara. Tinha uma única faculdade: a de farmácia. Quem quisesse fazer curso superior tinha de sair da cidade, ir para São Paulo. Poucos bares, quase nenhum restaurante digno de nota. Um time de futebol de primeira categoria, a Ferroviária de Esportes.

Dois cinemas, um teatro municipal onde havia concertos, bailes, conferências, declamações e companhias de São Paulo que iam com boas peças.

Existia um clube de cinema, um grupo de teatro, o Teca, de Arena, um Cinefoto Clube, uma escola de belas-artes, uma escola de balé. Jornais: *O Imparcial*, *Correio Popular*, *Folha Ferroviária*, *Últimas Notícias*. Vida tranquila, provinciana. A 278 km de São Paulo, não tinha ainda as linhas de

A estação de Araraquara–SP, sem data
(Coleção de Alberto Del Bianco).

ônibus, só se viajava de trem. Televisão só chegou nos anos 1960. Liam-se *O Estado de S. Paulo* e a *Folha da Manhã* (mais tarde *Folha de S.Paulo*), *O Cruzeiro* e a *Manchete*.

O meu pânico não era quanto ao trabalho e sim em relação ao emprego. Meu pai costumava repetir: trabalho a gente faz por prazer, pelo gostar. Emprego é o que temos de suportar para ficarmos vivos. Continuar os estudos, fazer uma faculdade estava fora de cogitação, a menos que se conseguisse uma vaga em universidade pública. Nos anos 1950 só existia uma pública, a Universidade de São Paulo, USP.

No fundo, como qualquer jovem de vinte anos, eu tinha a cabeça confusa, sem me decidir por nada. Parte de minha turma tinha optado pelo direito, dois ou três pensavam em filosofia, quatro seriam médicos, porque os pais eram. A tradição mandava seguir a profissão do pai, era a sequência natural da vida. Mas, e os que sonhavam com coisas diferentes, como jornalismo, teatro, cinema, escrever livros? O sonho deveria ficar de lado, trocado pela subsistência, pela sobrevivência. Minha mãe um dia sentou-se ao meu lado depois do jantar: "Você está terminando o científico. Não podemos te sustentar em São Paulo com mesada. Além disso, a segurança está aqui na cidade. Você pode escolher: o banco ou a estrada.". O Banco do Brasil ou a Estrada de Ferro Araraquara, EFA, que partia na cidade. Meu pai trabalhava nela, na contadoria; o irmão dele, Geraldo, era chefe do armazém; outro irmão, José Maria, era chefe de estação; uma tia, Inácia, trabalhava na tesouraria e meu irmão mais velho, Luiz Gonzaga, estava no escritório central. Há décadas, parentes próximos ou distantes, primos, primas, tios faziam o mesmo caminho todos os dias, da casa para a ferrovia. Eu via meu pai se lamentando que o dinheiro nunca dava e a promoção esperada que jamais se efetivava. Ele tinha começado como escriturário e fora subindo, mas agora estava estagnado há anos, sem se mover. Eu pensava: "Trabalho é isso? Se matar o mês inteiro, acordar cedo, ir para a rua, com sol, chuva, vento, por nada? Nem a casa podíamos pintar ou reformar, não havia como economizar mil-réis. Eu não quero passar minha vida sofrendo nas mãos de chefes ditatoriais sem nenhuma perspectiva.". Aliás, deve-se ver o estudo de Liliana Segnini sobre o sistema tirânico na EFA, onde se praticava quase "o trabalho escravo". Meu tio José contava sempre o caso de um subchefe de estação que, tendo pedido autorização para ir ao enterro da mãe, viu a autorização negada. Mesmo assim, foi. Na volta, estava demitido. Recorreu e passou anos lutando contra a ferrovia. Quando ganhou a causa estava velho.

Fora da EFA e do Banco do Brasil havia o comércio, fraco; a fábrica de Meias Lupo, que acolhia muito mais a mão de obra feminina, barata; ou o Departamento de Estradas de Rodagem, DER. Levar vida de peão no DER? A não ser que se pudesse ser engenheiro. E que tal professor? Mas as escolas normais despejavam centenas de professores a cada ano e não se abriam novas escolas e o ensino privado estava longe de ganhar a força de hoje. A escola privada era caríssima e quem estudava nelas trazia um carimbo na testa: pago para ser aprovado e pegar o diploma. Os caminhos eram estreitos no Brasil de meados da década de 1950.

Sobre todos nós, os que terminavam o científico ou o clássico — os cursos pré-universitários da época, anteriores aos cursinhos —, pairava uma questão: "como começar?". Quem nos daria o primeiro emprego? Já nos anos 1950, víamos como a debandada começava logo cedo. Gente que precisa ajudar em casa, completar a renda familiar e aceitava qualquer emprego, sem pensar em carreira, ascensão profissional. Havia também os que tinham um objetivo: ter alguma coisa na qual pudessem se aposentar logo, para "cair fora da armadilha", como diziam. Nas mesas de bar, o grupo se reunia e à medida que se aproximava o momento decisivo (Que faculdade fazer?) vinha uma pergunta sem resposta: "Teremos emprego? Haverá mercado?".

Não pensem que escrevo uma autobiografia. Ou que me sentei para redigir memórias. Nada disso! O que procuro relatar é o caminho de um filho de operário, que não parecia ter muitas chances na vida, avaliando o panorama de empregos de uma época. O trajeto percorrido pode iluminar, mesmo que debilmente, a história da realização pessoal no Brasil, por meio do trabalho, da profissão escolhida. Pontuando aqui e ali questões sobre o trabalho no país. Este é um relato que viaja em torno do primeiro emprego que, se para a minha geração era uma questão quase filosófica, envolvendo dúvidas existenciais, chega ao ano 2010 transformado em questão social. São breves apontamentos tendendo a dar uma foto curta de um problema longo.

Projetos gratificantes

Claudineu Ferreira, jornalista e radialista, criador de *Certas Palavras*, um programa de rádio que, durante anos, agitou os meios literários. Começou a trabalhar em 1979, época em que o mercado de trabalho para o jornalista não estava saturado como nos últimos dez anos. "Hoje, o número de faculdades é enorme e o número de formados não está dentro da realidade de mercado. Com certeza, a maioria dos formados não vai ter emprego. Minhas primeiras atividades foram nas áreas de produção de livros, audiovisuais e assessoria de imprensa, ainda como estagiário (me formei em 1980). Depois disso trabalhei na assessoria de imprensa do Ministério da Agricultura e por aí tenho ido. Em 1981 criei e produzi um programa de rádio junto com um amigo — Jorge Vasconcellos. Era uma produção independente e praticamente sem patrocínio. Trabalhávamos para bancar o programa."

"Consegui, por um lado, me manter no emprego; por outro, desenvolvi um projeto que não foi um sucesso comercial mas que foi marcante e gratificante. Este esquema não nasceu pensado. Aconteceu. De lá para cá já trabalhei em tevê, revista e, principalmente, rádio. Ao mesmo tempo, produzo atividades culturais para entidades e instituições. Vida de jornalista não é fácil. Mas é estimulante e, principalmente, sem rotina. Sem romantismo, contudo. No meu caso, como *free* consegui desenvolver projetos pessoais e trabalhar em algumas empresas interessantes e outras nem tanto, afinal, quando você precisa se sustentar, deixa alguns desejos de lado. Como empregado tive mais sorte. Dentro de rádios, tevês e revistas e hoje em uma instituição cultural, tenho conseguido desenvolver trabalhos gratificantes, pelo menos na maior parte do tempo. Os salários? Quase sempre apenas razoáveis."

Das pesquisas de Maria Rita:
Dados levantados pelo Ministério do Trabalho e Emprego através da Relação Anual de Informações Sociais — Rais — indicam que para os jovens entre 15 e 24 anos foram eliminados 1,38 milhão de empregos formais entre 1989 e 1999, e apenas para os trabalhadores acima de 30 anos foram criados postos de trabalho, denotando maior exigência em relação à experiência para o ingresso no mercado. (*Grupo técnico para elaboração de resposta de políticas para adolescentes de baixa escolaridade e renda*, 2002.)

Nesse 2010, se eu contar a data de agosto de 1952, quando publiquei a minha primeira crítica de cinema no jornal semanal *Folha Ferroviária*, estou completando 58 anos de jornalismo, tendo passado pelas publicações as mais diversas, até chegar à direção de redação de *Vogue* e me firmar como cronista semanal do jornal *O Estado de S. Paulo*.

Tudo começou em uma noite de segunda-feira quando, após o jantar, fui levar um pequeno texto crítico sobre o filme *Rodolfo Valentino*, de Edward Small, ao jornal *Folha Ferroviária*. O diretor e proprietário, Lázaro da Rocha Camargo, era também ferroviário e dono de outro jornal, o *Correio Popular*. Lázaro, mais de meio século atrás, intuitivamente, tinha inventado o jornalismo segmentado, isto é, dirigido a um determinado nicho de leitores. Se tivesse vivido, veria como, no novo século, a imprensa acabou se segmentando em publicações que se dedicam especificamente a segmentos fechados, como dinheiro, investimento, moda, beleza, saúde, educação física, surfe, futebol, informática, e assim por diante. Veria também que a televisão, mídia que se tornou poderosa (e que naqueles anos 1950 só conhecíamos de ver no cinema americano), igualmente vem se segmentando em canais para filmes, *shopping*, esportes, religião, noticiário etc.

Naquele agosto de 1952, eu tinha passado a tarde redigindo minha crítica. Vira o filme no domingo, fizera anotações em um caderninho de bolso, passara a tarde na biblioteca pública redigindo e revisando e datilografando. Ao sair, meu pai perguntou:

— Onde vai?

— Ao *Correio Popular*.

— Fazer o quê?

— Levar uma crítica.

— Virou jornalista? Posso ver?

Meu pai escrevia bem. Lia muito. Tinha uma boa biblioteca, comprada com economias. Em vez de beber cerveja, no domingo, como todo mundo, colocava o dinheiro correspondente numa caixinha. Quando dava, comprava um livro. Era meu pai quem redigia as falas dos padres da igreja do Carmo, a nossa paróquia. Era ele quem redigia os relatórios na estrada de ferro, por nós chamada somente de "a estrada". Ele publicara dois ou três contos no *Correio Popular*. Entreguei meu texto, ele leu, fez correções à caneta e sugeriu:

— Diga ao Rocha Camargo que é meu filho!

Dizer eu disse, mas o Rocha respondeu:

— Pode ser filho do Brandão. Só que se você, Brandãozinho, não souber escrever, aqui não vai publicar nada.

O nome era dos pais. Os filhos recebiam o diminutivo, até o momento em que provavam serem dignos de deixarem de ser brandãozinho, um substantivo, para se tornarem Brandão, um adjetivo e ponto de honra. Rocha Camargo publicou a crítica, não no *Correio* e sim na *Folha Ferroviária*.

Estudantes da EMEF Moacyr Martins dos Santos visitam ônibus adaptado para aulas de informática em projeto de inclusão digital da Prefeitura de Cravinhos, interior de São Paulo (Edson Silva/Folha Imagem).

Comprei cinco jornais, deixando de comer cachorro-quente no recreio do Instituto Estadual Bento de Abreu, onde estudava. Mostrei a todos os colegas de classe. Às meninas e aos professores de português, o Jurandir Gonçalves Ferreira, e ao de química, o Machadinho, que também lecionava português. Os dois, cada um no seu horário, pediram que eu ficasse na sala no intervalo, sentaram-se comigo, me cumprimentaram e me puxaram a orelha pelos erros cometidos. "Daqui para a frente, passe por nós, antes de levar o texto ao jornal", exigiram. Foram meus primeiros revisores, precursores dos copidesques, ou preparadores de textos, que seriam implantados como profissão na imprensa brasileira quinze anos mais tarde.

Uma vez por semana, trabalhávamos as críticas e, eventualmente, discutíamos o conteúdo, porque eles tinham visto os filmes. Cinema era a única diversão da cidade na época. Uma terceira professora entrou no circuito, a de história, conhecida como Cidinha Valério. Quando se tratava de filme histórico, eu levava a crítica para ela e então recebia uma aula sobre o assunto. Ela sabia o que estava correto, o que era licença poética, o que era ficção dentro da realidade. E me fornecia os dados para comentar. Cidinha foi precursora, sem o saber, dos futuros pesquisadores que auxiliam as redações na apuração de fatos. E um dia me disse uma frase decisiva: "É preciso ter poder de síntese.".

Lázaro Rocha Camargo costumava dizer: "O jornalismo é uma profissão sublime, das mais lindas. Você leva a informação de tudo o que acontece na cidade e no mundo. Você ajuda a entender o seu tempo. Mostra os bastidores. Retrata a dignidade de figuras ímpares. Ou a indignidade de quem devia ser ímpar. O jornal, por sua vez, dá emprego a um sem-número de pessoas. Ao redator, ao tipógrafo, ao fotógrafo, ao clicherista, ao laboratorista, ao impressor, ao jornaleiro, ao menino que vende o jornal na rua, ao homem que vende o papel, ao que nos traz o papel, ao pessoal da administração, à faxineira, à mulher do café, aos funcionários dos Correios que vendem selos e expedem o jornal aos assinantes, ao carteiro que entrega o jornal.". E seguia com extensa lista. Hoje teria acrescentado o publicitário. Mas naquele tempo os anúncios eram feitos pelo próprio diretor e compostos manualmente na gráfica.

Jornalista tem salário?

Trabalhei com ele alguns meses e minha crítica era publicada alternadamente na *Folha Ferroviária* e no *Correio Popular*. Trabalhava sem ganhar. Nem imaginava que um jornalista pudesse receber salário, era tão agradável de fazer. E começava a me dar nome, os estudantes me apontavam no colégio, os professores me tratavam de modo diferente. Um dia, encontrei o Paulo Silva, cuja família era dona do maior jornal da cidade, *O Imparcial*, tradicional. "Tenho lido suas críticas", ele me disse. "Por que você não passa para *O Imparcial*? Tem mais leitores, tem mais força". Tinha mesmo. "Vou pensar", respondi. "E conversar antes com o Lázaro Rocha Camargo." Magro, espigado, seco, austero, Rocha Camargo disse, simplesmente: "Vá. Tem de ir. É a sua promoção. Vai ver por quantos jornais se passa na vida para fazer carreira. Ficar muito tempo em um lugar paralisa. Vai ganhar quanto?". Riu quando disse que não tinha discutido o assunto.

Paulo Silva era poeta e cronista, fundador do Centro Intelectual dos Jovens Araraquarenses, Cija, que promovia debates, discussões, reuniões, tentava movimentar a pasmaceira do interior. Fui ao *O Imparcial*, aceitei o convite, criei coragem e perguntei:

— Quanto vou ganhar?

— Não posso pagar nada. Aqui, todo mundo colabora. Mas talvez o Graciano te dê uma permanente para os cinemas.

Graciano R. Affonso era o dono dos dois únicos cinemas da cidade. Eu não teria salário, mas poderia ver filmes todas as noites. De graça.

A primeira credencial como jornalista (arquivo pessoal do autor).

Como os ingressos custavam Cr$ 2 nos dias normais e Cr$ 3 aos sábados e domingos, fiz as contas e concluí que "meu salário" seria de uns Cr$ 65 por mês. Assim, passei para um jornal diário. Paulo dizia: "Se quiser venha todos os dias. Jornalismo não é apenas crítica de cinema. Vou te dar mais coisas a fazer.". Eu, fascinado. Passava todas as tardes pela redação, uma sala minúscula na rua Padre Duarte, onde deparava com o olhar severo, carrancudo e acima de tudo irônico do velho Antônio Correa da Silva, o fundador do jornal, pai do Paulo. O jornal não pagava porque quase não tinha anúncios. Alguns tijolinhos de lojas, missas de sétimo dia. A indústria local e o comércio achavam que não precisavam de publicidade. Acreditava-se na propaganda boca a boca, na tradicionalidade do estabelecimento etc. O jornal vivia dos editais da prefeituras e do cartório e de algumas matérias pagas eventuais. Ah, tinha também a programação diária dos dois cinemas, que recebia um desconto substancial, por ser permanente. Os colaboradores eram advogados, pretensos intelectuais, funcionários públicos vaidosos, poetas ocasionais, professores que gostavam de aparecer, políticos em campanha. Aliás, sabíamos que alguns políticos subsidiavam o jornal, para serem apoiados nas campanhas, daí a incongruência da ideologia em zigue-zague. Não fosse isso, como se manter? Naqueles cinco anos que colaborei fui aprendendo os meandros da mídia e suas necessidades. E não sabia ainda se aquilo era uma profissão.

Profissão para mim seria diretor de cinema, assim como para o José Celso Martinez Corrêa seria dirigir teatro, para o Faruk Lauand cantar boleros, para o Humberto Lauand ser padre, para o Gadelha ser arquiteto. Assim por diante. Os sonhos de minha turma desfilavam dentro da maior insegurança. Os filhos de médicos e advogados tinham uma certeza: os escritórios e consultórios dos pais garantiriam o início e a continuação. E os outros?

Um dia, a realidade da imprensa chegou à minha porta. Constrangido, Paulo Silva me alertou: "Você tem criticado negativamente muitos filmes e o Graciano não está gostando. Como podemos resolver isso?". Jamais tinha pensado no caso. Havia uma questão ética a resolver. Porque eu entrava de graça e cuspia no prato. E a relação jornal-anunciante? Era um impasse. "Deixo de ser crítico", anunciei, com pesar. "Não estou impondo nada", argumentou o Paulo. "É complicado e temos de pensar. Por enquanto fica como está." Uma tarde, desci ao escritório do filho do Graciano, o Roberto Affonso, o homem que realmente conduzia os cinemas. O pai tinha as concessionárias da Chevrolet na cidade, era produtor de açúcar e álcool, um milionário. Roberto amava cinema, e enquanto vivo, suas salas eram o que havia de melhor no interior, com conforto e programação. "Vim devolver a permanente. Vou parar de escrever sobre cinema." Ele ficou admirado, sabia de minha paixão, me fornecia fotografias, folhetos e fotogramas de filmes. Expliquei a situação, ele riu. "Meu pai tem outra maneira de ver. Sua educação e cultura são diferentes. Foi um homem muito simples que cresceu muito, fez dinheiro. Ele pensa que o crítico tira ou coloca espectadores no cinema. Nada disso. Não põe um e não tira meio. Além de tudo, nem você, nem o Paulo, nem meu pai perceberam uma coisa: o filme é exibido no domingo e na segunda. Sua crítica sai na quarta--feira, quando a programação já mudou. Gosto de ler, muita gente gosta, muita gente pensa como você, fica no ar um certo movimento, polêmica. Fique com a permanente, critique os filmes, não se leve tão a sério." Roberto era um sábio, sabia da neutralidade e da impotência da crítica.

Trabalhando nas oficinas de *O Imparcial* (arquivo pessoal do autor).

Aos poucos, Paulo Silva foi me designando para uma entrevista, a cobertura da inauguração de uma loja, uma reportagem sobre a miséria na periferia, a abertura de uma rua, a viagem inaugural na bitola larga da EFA, para além — para cima, como se dizia — de Rio Preto, a derrubada da igreja-matriz, que provocou celeuma na cidade, as estreias teatrais. Fui aprendendo a entrevistar, conversar, descobrir assunto. Lúcio Silva, o único fotógrafo do jornal, me ensinava a sobre velocidade e aberturas. José Célere me mostrou como eram feitos os clichês de zinco; Arlindo e Benê, na oficina, me colocavam na linotipo, aprendi a compor, montar páginas, imprimir, obter o registro certo de tinta. Em volta de mim agitavam-se diversas profissões.

Sonhando com o nome nas telas

Por alguns meses, pratiquei a rotina. Ir ao cinema, redigir a crítica no dia seguinte, esperar a publicação, ouvir as orientações de Jurandir e Machadinho. Certo dia, o velho Antônio Correia da Silva me chamou: "Preciso que você me faça uma reportagem.". Assustei-me: "Não sei fazer.". E ele: "Só vai aprender fazendo, indo para a rua. Ninguém aprende ofício apenas lendo livros". A polícia tinha recebido uma denúncia sobre trabalho escravo em uma usina de cana próxima a Araraquara, estava indo para lá apurar. "E como eu vou? No carro da polícia?" Antônio enfureceu-se: "Não estamos de rabo preso com ela, não precisamos de carona da polícia. Chame um táxi.". Na verdade, ele disse carro de aluguel, a palavra táxi só víamos nos filmes americanos e o português ainda não tinha sofrido a invasão violenta que viria mais tarde.

Fui para a fazenda, seguindo na rabeira da polícia, que precisava chegar de surpresa. Quando lá chegamos, o capataz tinha fugido, avisado pela própria polícia. Ele tinha arrendado a fazenda do proprietário que morava no Guarujá e não queria saber de trabalho, gastava tudo no jogo. Os trabalhadores foram libertados, havia homens feitos, mulheres, jovens e crianças. Um dos jovens, pouco mais do que adolescente, ficou conversando comigo: "E agora? Como vamos comer? Ao menos aqui havia comida, a gente comprava roupa vendida pela mulher do capataz. Acho que vamos passar fome, porque nenhuma fazenda está empregando ninguém, é trator e colhedeira e beneficiadora por toda a parte, com arroz, feijão, trigo. E estão trazendo umas máquinas que cortam cana bem depressinha. Acho que vou para a cidade, lá é que tem emprego.". Resumi sua fala, traduzi sua linguagem, ele era analfabeto, não tinha certidão de nascimento, logo não tinha identidade, sabia a idade por ter ouvido falar, eram nove irmãos, todos ali.

O jornalismo institucional

Juliano Gentile, formado há poucos anos, assegura que o começo não foi, e não está sendo fácil. "Porque faço parte de uma geração que conheceu a crise da área já na faculdade. O desemprego atinge boa parte de meus colegas e, até há dois meses, eu mesmo estava sem trabalho. Acho que o que cresceu no jornalismo foi o institucional, principalmente com assessorias de imprensa e publicações para empresas.

Quanto ao trabalho de *free-lancer*, é uma boa opção para quem quer se especializar em algum assunto. O único problema é a crise. A época é muito instável para quem não tem nome. Já colaborei com uma agência que produzia publicações institucionais e revistas especializadas. Não consegui firmar uma regularidade para viver só disso, embora tenha adorado a liberdade do trabalho.

Trabalhei mais em assessoria, área que tem abrigado cada vez mais profissionais de relações-públicas. Agora estou como redator em rádio, acostumando-me com a rapidez dos noticiários e com o horário que entro, às seis da manhã."

Das pesquisas de Maria Rita:
São recentes no Brasil as políticas visando qualificação profissional e acesso ao emprego dirigidas especialmente para adolescentes e jovens de baixa renda e baixa escolaridade.

Na década de 90, diversas organizações não governamentais com diferentes perfis passaram a implementar projetos nesse sentido, seja respondendo a demandas das comunidades, seja como reação ao sentimento de insegurança gerado pelo aumento da violência — na qual os jovens estão envolvidos como agentes ou vítimas em proporções significativas. Também organismos governamentais passaram a impulsionar programas que — mesmo respondendo a problemas emergenciais — pobreza, desemprego e violência — contribuem para trazer à agenda pública a questão do direito de adolescentes e jovens ao trabalho. (*Grupo técnico para elaboração de resposta de políticas para adolescentes de baixa escolaridade e renda*, 2002.)

Os memorandos assinados por meu pai

Ir para a cidade. Começavam naqueles anos 1950 os êxodos. O campo se esvaziando gradualmente, as indústrias se instalando e contratando mão de obra, mesmo sem especialização, não havia como. Reescrevi a reportagem seis vezes, até o velho Silva se dar por satisfeito e dizer: "Você tem jeito.". Quando reli a matéria, ela me pareceu um conto do Graciliano Ramos ou do John Steinbeck. Lembrei-me de *Vidas secas* e de *As vinhas da ira*, dois grandes romances sobre a situação do homem brasileiro e do americano. Gente em busca de vida e trabalho. Entre 1952 e 1957 aprendi a fazer jornal, conheci a mecânica interna, e me foi ensinado como entrevistar, reportar, ser econômico, abrir um texto, fechar, conduzir o leitor.

No fundo eu não queria ser jornalista, sonhava ser roteirista de cinema ou diretor, meu ideal era a Cinematográfica Vera Cruz que tinha feito *O cangaceiro*, *Sinhá-moça*, *Tico-tico no fubá*, *Na senda do crime*, *Uma pulga na balança*, *Apassionata* e outros. O jornal, onde eu nada ganhava, era um breve percurso para não me deixar engolir pelo tédio da província. Meu salário era a permanente do cinema, eram livros que o Paulo Silva comprava, lia e me ofertava, era beber num bar que fazia permuta com *O Imparcial*. Quando passei a fazer também uma coluna social, inspirado pelo sucesso e pelo modo de escrever do Jacinto de Thormes que eu lia no *Diário Carioca*, recebia convites para os bailes dos clubes ou era levado a São Paulo, viagens que eu aproveitava para ver teatro e conhecer as novidades da Livraria Francesa — um deslumbramento. Jacinto, e depois Ibrahim Sued, tornaram-se celebridades.

Na biblioteca *O Imparcial*. Mil livros. Ali descobri Faulkner, 1954
(arquivo pessoal do autor. Foto: Lúcio Silva).

Mas Jacinto, na verdade Maneco Müller, era um homem culto, dono de um estilo, reiventara uma maneira de fazer colunismo social, transformando-o em novo jornalismo.

Nesses cinco anos de "jornalismo", percorri toda a linha — gíria dos ferroviários para designar o trecho entre Araraquara, ponto de partida, e a última estação. Conheci a situação de funcionários, dos chefes aos portadores, dos maquinistas aos telegrafistas. A ferrovia que dava segurança também oprimia, ameaçava, fazia que todos vivessem em tensão, com medo de perder o emprego. "Trabalho não pode ser isso", eu imaginava. O trabalho deve me dar sustento, liberdade, alegria. Conversando com meu pai, ele, uma vez mais, e isso me marcou, definiu claramente: "O trabalho você faz pelo prazer, pelo sonho, é um ideal. O emprego você faz para conseguir o sustento. Para mim, a estrada de ferro sempre foi o sonho, gosto dela, porque números e estatísticas sempre foram a minha paixão e aqui posso me realizar.". Eu o via sentado à mesa, varando a noite e os fins de semana, levantando-se cedo, sem reclamar, com um sorriso, porque tinha realizado operações complicadas, cálculos gigantescos, para determinar, por exemplo, os preços das passagens. Ele devia chegar à tarifa exata do ponto inicial a cada estação. Depois, da segunda estação em diante; e da terceira; da quarta; e os preços entre cada estação. E havia estações próximas e outras muito longe e meu pai devia pensar no lucro da estrada e na capacidade de aquisição. E havia os bilhetes de primeira e de segunda classe. Um trabalho infernal, feito sem calculadora. Ou com calculadoras rudimentares movidas a manivela. Ou com lápis e papel, coisa que ele adorava. Ele dormia pouco, mas partia feliz na manhã seguinte e isso eu admirava: Antonio Maria Brandão dava tudo pela EFA. Então, trabalho era aquilo, entrega e dedicação, sem lamentos bobos, pelo prazer de fazer. Claro que havia momentos complicados, quando ele esperava uma promoção e era preterido pelas injustiças nas quais a ferroviária era mestra, por causa da politicagem. Havia os apadrinhamentos e as indicações e, claro, o puxa-saquismo. Meu pai foi me ensinando também que as noções de justiça e merecimento no trabalho eram tênues, se esgarçavam com facilidade.

Entre meus tios, havia o José Maria, outro que vivia pela paixão. Era chefe de estação, cargo complexo. Os chefes eram responsáveis, entre outras coisas, pelos trens trafegarem em segurança em linhas desimpedidas. Além de, nas épocas de colheitas, executarem com maestria a tarefa de obterem a maior tonelagem de cargas possível, requisitando vagões para os fazendeiros. O que havia de tentativas de suborno era inacreditável! Fazendeiros que, ignorando a cronologia dos pedidos de vagões, chegavam com "presentes" para o chefe, tentando passar à frente: sacas de café ou de arroz e feijão, porcos e frangos, engradados de cerveja. Algumas vezes vi meu tio José mostrando o caminho da rua aos "corruptores", pedindo que levassem de volta as ofertas. E se não levavam, ficavam na porta da estação. "Ganho pelo meu trabalho", exclamava, firme e indignado, ainda que sem gritos. Salientava: "Mesmo sendo pouca paga, mesmo sendo injusto, a ferrovia é meu único patrão e pagador.". Quando era obrigado a ceder, por injunções da direção, a qual alguns fazendeiros recorriam, fazia sob protesto, deixando ver que não se tratava de uma coisa correta. Cresci com esses princípios na mente. Cresci, por outro lado, vendo tanto meu pai quanto meu tio progredirem e fazerem carreiras bem-sucedidas, terminando ambos no topo e respeitados. Eu via os comunicados, memorandos e ordens assinadas pelo meu pai nos quadros de todas as estações e em todos os escritórios da EFA. Via meu pai comparecendo à reunião de todos os chefes de contadoria, como era chamado o Escritório Central, de todas as ferrovias brasileiras. Muitas reuniões foram no prédio da Sorocabana em São Paulo. Meu pai adorava um pátio interior enorme, ajardinado. "Um oásis", dizia. Esse pátio hoje é a Sala São Paulo, para concertos. Muitos de seus cálculos e propostas foram adotados pelo Brasil como normas e padrões. Ele voltava das reuniões com um sorriso e com presentes para todos e eu percebia que o trabalho pedia sacrifício, mas podia também trazer felicidade.

Terminado o terceiro científico (após duas reprovações, no segundo e no último ano) tinha chegado a hora de seguir em frente. Não havia mais caminhos em Araraquara. As opções eram escassas, a menos que eu, como a maioria dos jovens, me conformasse com pouca coisa. O trivial, quase no fim da década, oferecia o quê? O aceno da Meca, do Eldorado: São Paulo. Ali estava o trabalho, o futuro, o dinheiro, as chances de sucesso. O interior continuava a ser um amontoado de cidades sitiadas, muradas, cada qual lembrando um estado feudal. Havia mesmo rivalidades, como se fôssemos Pisa e Florença, Milão e Veneza. Bauru não se dava com Marília, Araraquara desafiava São Carlos e Campinas se julgava a rainha-mor de todas as cidades. O transporte continuava a ser o trem, as primeiras linhas de ônibus chegavam ao interior. As rodovias eram de pista única, a maioria

1953. O critério "cata-milho" até hoje (arquivo pessoal do autor/foto: Lúcio Silva).

de terra. A televisão estava distante e os telefones continuavam nas mãos de empresas particulares que dependiam da Companhia Telefônica Brasileira para fazer as conexões. O que levava a uma chamada para São Paulo exigir quatro ou cinco horas de espera, se não mais. Na capital, a indústria automobilística era o polo de mutação, provocando o surgimento de todos os tipos de fábricas que gravitam em torno dela. Ela, ao crescer, demandaria engenheiros, mecânicos, eletricistas, ferramenteiros, administradores, advogados, pedreiros, carpinteiros, e um sem-número de profissões paralelas que fariam o seu sustentáculo. Era o momento dos jovens se formarem e começarem a trabalhar.

Lembro-me de algumas famílias muito simples que tinham conduzido os filhos para fora de suas profissões, levando-os a estudar e se formar. Os Hashimotos, feirantes, tinham lutado para os três filhos, todos grandes nadadores, cursarem engenharia. Os Shimabukuro, da sorveteria, também. O velho Yuta, da lavanderia, fazia o filho entregar ternos prontos apenas depois que terminasse as lições. Havia vários adolescentes cujos pais, gente simples, porém atenta à vida, tinham alertado: "Nossas profissões estão se acabando, vocês têm pela frente um país que vai mudar muito.". Eram os filhos de carroceiros, alfaiates, amoladores de facas, sapateiros, leiteiros, ferreiros, seleiros, funileiros, professores de música e religião, calígrafos, entre outros. Gente que estudava no colégio, terminava o científico ou o clássico e preparava-se para a universidade pública. Houve uma geração de pais que perceberam que o diploma seria fundamental. Outros intuíram que a especialização seria necessária, fosse dentro da medicina ou da advocacia, na engenharia ou na física e química, na odontologia. O surgimento dos Sesc, Sesi e Senac trazia os cursos profissionalizantes, abertos para classes menos favorecidas. O futuro seria risonho e franco, como aquele programa humorístico muito popular de uma rádio paulistana.

Uma oferta
de emprego irreal

Desembarcar na Estação da Luz, numa manhã de março de 1957, trouxe medo e deslumbramento. Não seria possível voltar para trás. Eu tinha lido uma frase de Ernest Hemingway que me impressionara: "Nunca volte derrotado para a sua cidade natal.". São Paulo foi como uma explosão de barulho, movimento, grandiosidade. Os edifícios me encantavam. Luzes acesas durante o dia? Só mesmo em cidade grande. E o trânsito? Pesado, barulhento. Em Araraquara, podia-se dormir no meio da rua. Os primeiros dias foram de reconhecimento, tomada de ar, respiração. Como eu invejava aquela gente em torno de mim. Via garotos com pasta, garotos de terno, entrando e saindo de prédios, adolescentes entrando em táxis (em São Paulo se dizia táxi), pegando bondes, ônibus, levando marmitas. Eu conseguiria emprego? Trazia algumas cartas do Paulo Silva para jornais e agências; cartas de dona Olga Ferreira Campos — professora de português (Celso Lafer foi aluno dela, certa época), líder do grupo teatral — para conhecidos de algumas firmas comerciais. Meu pai me dera tudo o que podia, Cr$ 3.000. Economizara, sabendo que eu ia precisar. Mas alertara: "Nem pense em mesada, como vão ter alguns colegas seus.".

Primeira etapa. Agência de Publicidade Santos e Santos que trabalhava com imprensa do interior. Demorei a encontrar o endereço, não sabia andar na cidade. Era próximo ao viaduto Santa Ifigênia. Fiquei uma hora na sala de espera e finalmente entrei, entreguei a carta do Paulo. Nervoso. Roberto Santos leu a carta, sorriu:

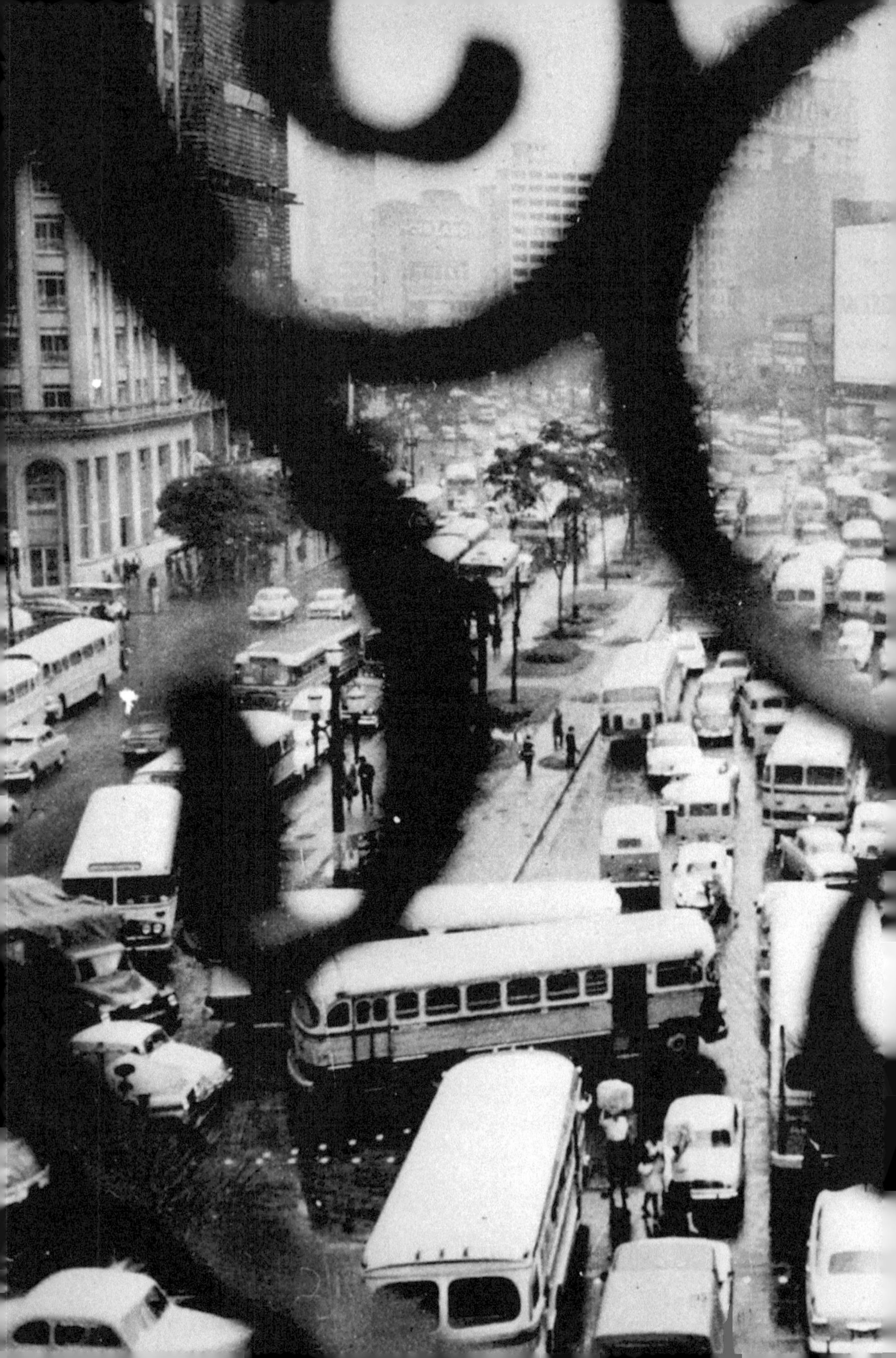

Vale do Anhangabaú (1957). Redação do jornal *Última Hora*, onde Loyola conseguiu vaga como repórter (arquivo pessoal do autor).

— Me diga uma coisa! Toda sua família é ferroviária. Um bom emprego, tanto a Companhia Paulista, quanto a Estrada de Ferro Araraquara, ou a Sorocabana, são empresas sólidas. Aquele é o futuro. Por que não quis continuar a tradição?

— Vejo o mundo diferente, tudo está mudando, meus sonhos são outros.

— Sonhos? E a segurança?

— Segurança? E o sonho?

Ele sorriu, parecia um homem bom:

— Então, vamos ver. Lugar de redator não tenho. Fazer *layout* você sabe?

Não sabia nem mesmo o que era *layout*. Para não demonstrar ignorância respondi que não.

— Nossos anúncios são muito simples, tudo feito aqui mesmo, mandamos os clichês prontos para o interior. Quem sabe você possa ser contato!

Também não sabia o que era contato, mas fiquei na minha.

— Quem sabe. Posso tentar.

— Tem alguma experiência?

— Não.

— Nunca foi contato n'*O Imparcial*?

— Não!

Estava me mordendo de curiosidade para saber o que seria contato.

— Na verdade, não posso te dar um lugar de contato, já que não tem experiência.

— Posso tentar.

— Tem uma carteira de clientes?

Não sabia o que era uma carteira de clientes, todavia, fosse o que fosse, eu não tinha.

— Se não tem, vai procurar quem?

— O senhor não pode me ceder uma?

— A minha?

— Quem sabe?

— Entrego a você meus clientes e você ganha a comissão que é da agência. Acha justo?

Eu não sabia do que ele falava. Completo mistério. Concordava com medo de parecer tolo. Ele deve ter percebido, de maneira que explicou.

— Cada contato tem uma carteira, ou seja, uma lista de clientes habituais, aos quais vende os anúncios a cada mês, a cada semana, ou temporada.

— Acabei de chegar em São Paulo, nem sei andar na cidade, não conheço ninguém.

— E como pensa trabalhar?

— Alguém tem de me dar uma chance.

— Lamento, não posso fazer nada, não aceitamos estagiários por falta de espaço.

Saí da agência nem animado nem desanimado. Aos 21 anos, era a primeira recusa. Não ia me abalar, tinha no bolso um monte de cartas. Fui procurar o *Correio Paulistano*. Era na Líbero Badaró, perto do mosteiro de São Bento. Um prédio decadente, me causou má impressão, eu estava acostumado a redações de filmes americanos, tipo *Cidadão Kane*. Não me lembro o nome de quem me atendeu em lugar do Nabor Caires de Brito, uma figura legendária.

— Qual é a sua experiência?

— Fiz jornal no interior. Tenho os recortes.

Alertado por um amigo, Sebastião Campos, um ator que também estava tentando fazer teatro e cursava a Escola de Arte Dramática, EAD, eu tinha levado uma pasta com as melhores matérias e críticas.

— Recortes? Quem prova que foi você que escreveu?

— Está tudo assinado.

— Bem, o que interessa é que eu não tenho nada a te oferecer. Preciso de um secretário de redação.

Eu sabia o que era o cargo, era uma coisa que não existia em Araraquara, onde todo mundo fazia de tudo. Fui dispensado sumariamente; decidi almoçar e prosseguir. Sabia que pela frente existia um obstáculo, a tal experiência. Comi na Salada Paulista, onde todo mundo comia, ali estavam *office-boys*, publicitários, diretores de companhias de aviação (vi ali, muitas vezes, o Joseph Halfin, presidente da Air-France), os funcionários do Antoine's Cabelereiro (o *top* da época). Comida boa e barata, equivalente aos restaurantes a quilo de hoje. Vontade de pegar um cinema, sessão da tarde era uma coisa que não existia em Araraquara. Mas, o dever me chamava, era a minha vida, o futuro. Sem dramas, alegremente. Próxima paragem: *A Gazeta*. Existiam duas. A *Gazeta Esportiva* e a Gazetona, esta com informações gerais. Um senhor chamado Albuquerque, parente da Olga Ferreira Campos, me recebeu, me deu café, leu a carta e me cumprimentou:

— Está com sorte, tenho exatamente uma vaga. Quando pode começar?

— Agora?

— Melhor amanhã cedo.

— O que vou fazer?

— Você será assistente do nosso cruzadista.

— Como?

— Vai ajudar o criador das palavras cruzadas, uma das seções mais lidas do jornal. Já fez palavras cruzadas?

— Nunca.

— É fácil. Aprende logo.

— E quanto vou ganhar?

— Primeiro será estagiário sem remuneração. Depois de dois meses terá um salário mínimo. Não pagamos condução nem lanche. Está disposto?

— Posso pensar?

— Até amanhã, que a fila é grande.

Não tinha vindo para São Paulo para ser assistente de cruzadista. Era muito pouco. Como para qualquer jovem de minha idade as ambições eram grandes, queria conquistar o mundo. Quando saí de *A Gazeta*, fim da tarde, precisava encontrar um primo que me levaria à pensão onde conseguira uma vaga. Nem mesmo sabia voltar para casa, mas estava fascinado. Entendia porque gente de todo o Brasil estava vindo para São Paulo. Nas ruas, observava os jovens que pareciam empregados movimentando-se por todos os lados e senti uma ponta de angústia. E se não conseguisse nada? Não era formado, não tinha possibilidades de entrar para uma faculdade antes de ter um emprego. De repente, me veio que qualquer emprego teria de ser encontrado, antes que o dinheiro de meu pai se acabasse. Em torno de mim agitava-se uma cidade com quatro milhões de habitantes e todos me davam a sensação de estarem empregados. Sobraria lugar para mim?

No dia seguinte, continuei a via-sacra. Tinha trazido o telefone de um araraquarense, o Camilo, irmão de Osvaldo Sampaio, codiretor de *Sinhá-moça*. Camilo era um dos sujeitos mais admirados pela minha turma de Araraquara, a mesma que tinha fundado o Clube de Cinema e tentado realizar um média-metragem. Camilo estava entre os melhores diretores de produção do cinema brasileiro, atuava tanto na Vera Cruz quanto com produtores independentes. Ele poderia ser a ponte para o meu sonho, o cinema. Liguei, liguei, o telefone não respondeu.

Outra carta na manga, dirigida ao Joaquim Pinto Nazzario, do *Diário de S.Paulo*. No fundo, ia sem empenho, não imaginava ser jornalista como carreira, meio de vida, futuro. Cheguei cedo, Nazzario, secretário de redação, começava depois das seis da tarde. Maravilha, um emprego que começava às seis da tarde! Nessa hora, em Araraquara todos estavam indo para casa jantar. A vida em São Paulo era mesmo diferente, a cidade grande excitava. Não, eu não podia voltar!

Na pensão, 80% dos jovens eram araraquarenses, alguns estavam no terceiro ano de direito e estagiavam em escritórios. Pelas ruas, eu caminhava e dava com placas: *Precisa-se de secretária, de overloquista* (o que seria overloquista?), *de representante comercial, de garçom, motorista de ônibus, vigia para escola, cozinheiro, fiscal de almoxarifado, ascensorista, torneiro mecânico, enfermeiro, projecionista de cinema*. Está aí um emprego no qual me daria bem, ver filmes o dia inteiro, tendo apenas o trabalho de trocar os rolos.

No sexto dia, Camilo Sampaio me atendeu, nos encontramos, fomos a uma produtora na rua do Triunfo, então boca do lixo, futuro conceito de um cinema marginal no qual pontificaria, entre outros, Ozualdo Candeias. "Você

Procura por emprego, Centro, São Paulo (Dudu Cavalcanti/N. Imagens).

me acompanha por um ou dois dias, vê se é o que quer, preciso de assistente para um filme." Numa caminhonete, com uma lista nas mãos, passamos de loja em loja, arrebanhando abajures, poltronas, ferros de passar roupas, vitrolas de segunda mão, uma cabra, duas galinhas. A certa altura, ele me encarregou de apanhar um fogão numa loja de eletrodomésticos e me entregou uma carta credencial. O dono leu a carta e me olhou: "Cinema? Cinema é coisa de vagabundos! Acha que vou emprestar um fogão? Nunca vai voltar! São todos uns ladrões!". Contei ao Camilo, ele riu. Mandou-me a uma loja de tecidos e carpetes. O dono não ficou menos furioso: "Cinema brasileiro é coisa de pobre, nem tem dinheiro para fazer o cenário!". Expulsou-me. Camilo riu de novo."Nem sabe quantas vezes ouvi isso! Como ouço todos os dias, faz parte da profissão."Tímido, introvertido, eu não estava disposto a suportar aquele tipo de tratamento nem era o meu ramo.Também não tinha conhecimento ou o gosto necessário. No futuro, esse trabalho seria feito por profissionais formados em belas-artes, em arquitetura, em cenografia. Mas há menos de meio século, os Camilo Sampaio da vida abriram caminho aos socos, aos murros, na força de vontade e na cara-dura. O panorama do trabalho modificou em cinco décadas.

Formandos

Segundo o Instituto Nacional de Estudos e Pesquisas Educacionais Anísio Teixeira (Inep, órgão que organiza o Provão), temos hoje centenas de cursos de jornalismo no Brasil. No último Provão prestaram exame 8.700 alunos recém-formados em jornalismo.

> **Das pesquisas de Maria Rita:**
> "No mês de abril o desemprego bateu o recorde na região metropolitana de São Paulo. A taxa chegou a 20,6% da População Economicamente Ativa (PEA), o que corresponde a um total de 1,9 milhão de pessoas desocupadas no período. Diante desta massa de mão de obra disponível, é claro que o nível de exigência das empresas aumenta, alertam consultores da área de recursos humanos, e quem está procurando o primeiro emprego vai encontrar maiores obstáculos. O primeiro deles é a inexperiência. Outra dificuldade do recém-formado é ter de aceitar um estágio ou um cargo fora do planejado. A briga no mercado é imensa nos últimos anos e quem está começando tem de ter disposição para procurar e avaliar propostas diferentes do esperado", diz a coordenadora da consultoria Manager de recursos humanos, Neli Barboza. A palavra-chave neste caso é flexibilidade para se adaptar às oportunidades. O candidato que sabe avaliar uma oportunidade para aumentar seu conhecimento, diz a consultora, "é bem-visto pelo empregador". (DANTAS, 8 jun. 2003.)

Não se exige
experiência

As cartas se esgotaram. Passei um dia inteiro na cama, olhando para o teto, pensando: O que fazer? Dar aulas? De quê e onde? Arranjar emprego na Cinemateca? Por que não tentar? Fui até a rua Sete de Abril, 230, mesmo prédio dos Diários Associados, Caio Scheiby, um dos diretores, me recebeu, já me conhecia do Clube de Cinema de Araraquara. "O que posso oferecer? A Cinemateca é pobre, mal temos para conservar os filmes." Andando, passei por galerias de arte. Um mundo distante do meu. Mas, o que era o meu mundo, o que era a vida, o que era o trabalho? Perdido, comprei jornais, o *Diário Popular* era célebre pelos classificados de empregos. Num banco na praça Dom José Gaspar vi outros jovens na mesma tarefa, consultando nervosamente os quadradinhos que seriam a salvação:

Auxiliar de escritório

Faxineiro

Vigia

Técnico em telefonia

Técnico em reparos de persianas

Vaga em empresa de desratização e descupinização

Contador

Planejador de produção

Auditor (*o que seria isso?*)

Recepcionista

Gerente administrativo

Administração de pessoal

Mestre de obras

Copeiro

Governante

Porteiro

Mordomo (*então, existiam de verdade? Não era só cinema?*)

Motorista

Auxiliar de farmácia

Mensageiro

Estoquista

Gessista hospitalar (*o que seria?*)

Clicherista (*disso eu entendia um pouco; a vaga era em São Miguel Paulista; e onde era São Miguel Paulista?*)

Recrutamento e seleção

Caldeireiro

Encanador

Prensista

Tapeceiro

Trapezista

Arranjos florais (*???*)

Rádio-oficina e radioescola

Concurso para Polícia Rodoviária

Corretores

Auxiliar de açougueiro

Técnico eletrônico

Advogado jr.

Advogado pleno

Gráfico

Médico pneumologista

Projetista mecânico

Piloteira (*e essa?*)

English teacher

Balconista

Cartazeiro (*seria pregar cartazes ou desenhar?*)

Drageador de medicamentos

Letrista

Linotipista

Ler isto tantos anos mais tarde surpreende, quando não espanta. Porque em nenhum dos classificados havia a ressalva fundamental, hoje tão comum: *requer-se experiência*. Em um e outro, pediam-se referências, não necessariamente de empregadores e sim de pessoas "gradas" ou consideradas. Agora, não apenas se pede experiência como um belo tempo de carência, digamos. Ao ler linotipista, lembrei-me das lições do Arlindo e do Benê, eu era um trabalhador empírico. Corri ao endereço, havia a vaga, mas eu não era sindicalizado. Nada feito.

O medo:
e se eu errar?

Andava pela cidade para descobrir coisas e lugares e olhava para as pessoas. Todas me provocavam inveja, já tinham emprego, estavam trabalhando. (Estariam?) Pensava, quase gritava: Abra-se, São Paulo, abra e me deixe entrar, me deixe ficar aqui. Sabia que, no fundo, estava pedindo para a vida se abrir, ser menos egoísta e misteriosa, um pouco mais fácil, que me ajudasse, me apontasse por onde entrar, como, por onde ir. A mesma angústia sentiria mais tarde, quando meus dois filhos homens, Daniel e André, na década de 1970, ao completarem dezoito anos, sentavam-se comigo ou com os grupos de amigos para tentar aplacar a ansiedade da espera do primeiro emprego que, mais do que problema financeiro, era psicológico e social. A questão pairava: E se eu errar? Porque nessa idade tudo parece definitivo e se a vida não se resolver ali, o futuro ficará encrencado, arruinado. Ainda recentemente entrevistando jovens que tentavam uma vaga na revista *Vogue* — que editava — fiquei imaginando que, além dos cursinhos normais, deveria existir um cursinho terapêutico, psicanalítico, para acalmar, orientar, ensinar, conduzir, explicando que a vida é assim e que ela se resolve. Eu circulava a pé e de ônibus, querendo saber onde estava a brecha, a fenda na muralha que me permitiria pertencer à cidade. Não estava ainda dentro dela e já tinha saído da minha. Tinha feito parte do êxodo comum naqueles anos, o da cidade do interior para São Paulo, que também atraía o campo, o Nordeste e os estrangeiros.

Para que eu tinha sido preparado na vida? Talvez ferroviário mesmo. Ou bancário na minha terra. Meus estudos me deixaram no meio do caminho. Fui anotando as possibilidades. O que dava para fazer sem prática? Diante da loja que admitia balconistas havia uma fila de cinquenta pessoas para duas vagas. Esperei uma hora até que avisaram que as vagas estavam preenchidas. Anos mais tarde, quando escrevi meu segundo livro e primeiro romance, *Bebel que a cidade comeu*, mostrei o personagem na mesma situação e ilustrei o livro com os classificados, uma novidade para a literatura na época.

No décimo segundo dia estava descendo a rua Capitão Salomão. Eu adorava andar pelo centro, olhando cinemas, lojas, bares. Dei com Amaury Medeiros, um araraquarense de família tradicional. Tínhamos nos encontrado em *O Imparcial* e ele me causava inveja, porque sendo apenas uns dois anos mais velho do que eu já estava em São Paulo e trabalhando em jornal.

— O que faz por aqui?

— Vim embora.

— Para estudar?

— Estudar, trabalhar, nem sei. Estou no ar.

Começava a ser dominado pelo pânico: O que fazer da vida? O que fazer na vida? Por que a gente tem de decidir tão cedo? O que sabemos nessa idade? O que sabemos da vida? Como decidir o futuro? O que a escola tinha me ensinado? Preparado para o quê? Mesmo na pensão, onde éramos em trinta, sentia, no almoço de domingo, a incerteza, as dúvidas, mesmo daqueles que já estavam estagiando em escritórios ou trabalhando em ambulatórios e pronto-socorros, como parte do aprendizado. Era aquilo mesmo o que queriam da vida? Mesmo o Zé Celso Martinez Corrêa não queria fazer teatro — e estava começando a formar um grupinho na faculdade — não fazia direitinho o curso de direito?

Amaury indagou:

— Quer continuar em jornal?

— Acha que tenho chance?

— Por que não tentar? É uma vida divertida.

— Divertida?

— Ganha-se pouco, trabalha-se muito, mas a cada dia você faz uma coisa diferente. A menos que prefira escritório!

— Já estive em dois ou três jornais, não tem vaga.
— Esteve em quais?
— *Gazeta*, *Correio Paulistano*, *Diário*.
— Quadradões, não é o nosso gênero.

A palavra quadrado tinha acabado de entrar na linguagem coloquial, tradução do *square* inglês, vinda por meio dos textos *beatniks*. Coisa comportada, careta, de velho.

— Ir para qual?
— Venha, vou te levar para a *Última Hora*.
— *Última Hora*?
— É onde trabalho.

O Samuel Wainer, nos anos 1950, tinha revolucionado o conceito de jornalismo. Modificara tudo graficamente, substituindo o noticiário da primeira página por fotos e chamadas. Era um jornal que atraía o leitor e fascinava os jovens pelo comportamento inusitado e design ousado. Além disso, Samuel trouxera dos outros jornais os melhores profissionais, pagando bem, modificando a tradição de jornalista morto de fome. Enchera a *UH*, como era conhecida, com colunistas de todos os tipos. Havia a *Última Hora* do Rio e a de São Paulo. Quando cheguei em São Paulo, Samuel ainda sofria os efeitos da polêmica mantida com Carlos Lacerda que quase o levara à falência e à ruína do jornal. Momentos da história do jornalismo e de uma transformação nos rumos de uma profissão. O jornal vivia uma crise financeira, mas ainda atraía, principalmente os jovens. Trabalhar naquele jornal seria excitante.

Tremendo de nervosismo, acompanhei Amaury até o outro lado do Anhangabaú. A *Última Hora* ficava na avenida Prestes Maia, ao lado do viaduto Santa Ifigênia. Levava — porque não me desgrudava dele — meu álbum de recortes. Subimos as escadas e me vi diante de um homem alto, forte, charuto na mão, o clichê do chefe de redação de cinema e da mitologia. Adorei, estava diante de um personagem.

— O que há, meu velho?, perguntou o grandalhão com voz tonitruante.
— Paes Leme, trouxe um amigo do interior que quer ser jornalista.

— Quer? Sabe o que é ser jornalista?

— Trabalhei no interior!

— De onde você é?

— Araraquara.

— Da Ferroviária de Esportes?

— O senhor conhece?

— Conheço? Sou o chefe de redação e o chefe da seção de esportes. O que acha?

— O time é bom, hein?

— Muito bom.

— Tenho aqui a reportagem sobre o dia em que ele subiu para a primeira divisão.

— Não quero ver nada! De que adianta?

— Para ver que sei escrever.

— Tem tanto jornalista que não sabe escrever.

— E como fazem?

— São bons para levantar o assunto. A matéria deles é arrumada pelos copidesques.

Copidesque. O que seria isso? Fiquei quieto. Em poucos dias estava aprendendo um bocado. Logo saberia, era paciente, sendo impaciente.

— Em consideração aqui ao Amaury vou te dar uma chance. Uma! Venha comigo.

Mais tarde eu saberia que Paes Leme e Amaury eram grandes amigos, muito ligados pelo esporte. Fomos até a mesa do chefe de reportagem, um homem elegantíssimo chamado Celso Jardim.

— Tem aqui um garoto querendo ser jornalista, Celso. Faça uma experiência.

— Venha amanhã às duas, meu jovem.

Chamava a todos por meu jovem. Era irônico e exigente, não gritava, mas "destruía" uma matéria gozando na frente de todo mundo. Mas ensinava. No dia seguinte, pontualmente, apareci, mandaram-me sentar em um canto, ao lado de três jovens que se entreolhavam. Estaríamos todos ali pelo mesmo motivo? E quem tiraria o lugar do outro, se é que havia um só lugar? Começava a descobrir que em São Paulo, no trabalho havia uma coisa chamada competição. Ganhava o melhor, ou quem era o protegido, o apadrinhado, o que desse sorte.

Nessa cidade, e no futuro, eu viveria dentro de um regime em que trabalhar seria segurar a chance, demonstrar eficiência, criatividade. O mundo estava mudado, as regras eram outras, eram formuladas a todo instante, profissões novas estavam surgindo, sendo inventadas a partir da necessidade. Ao longo dos anos, eu viveria várias mudanças no ambiente de trabalho, no mundo das profissões no qual os jovens ingressavam ou tentavam ingressar. Saltaria de tempos românticos para a época da industrialização acelerada, para terminar na era da informática, da automatização. A população brasileira mais do que dobraria em cinquenta anos e as vagas no trabalho seriam reduzidas, colocando num impasse a própria sociedade.

Virei-me para eles:

— Vocês são repórteres daqui?

— Ainda não. Viemos para começar hoje. E você?

— Acho que vim também para começar hoje.

Chamavam-se José Roberto Penna — que seria mais tarde um dos principais redatores da revista *Quatro Rodas*, assim que ela foi implantada —, David Auerbach — que seria depois o principal repórter político de *UH*, com o nome Davi Barreto —, e Domingos Gioia Jr. — que faria a geral por anos e anos, até abandonar o jornalismo e se tornar pastor, assim como seu pai tinha sido. Seríamos inseparáveis a partir do momento em que fomos efetivados, porém, naquele momento, tudo era incerteza.

— Já trabalharam em jornal?

— Nunca trabalhamos em lugar nenhum.

— É o primeiro emprego?

— Primeiro.

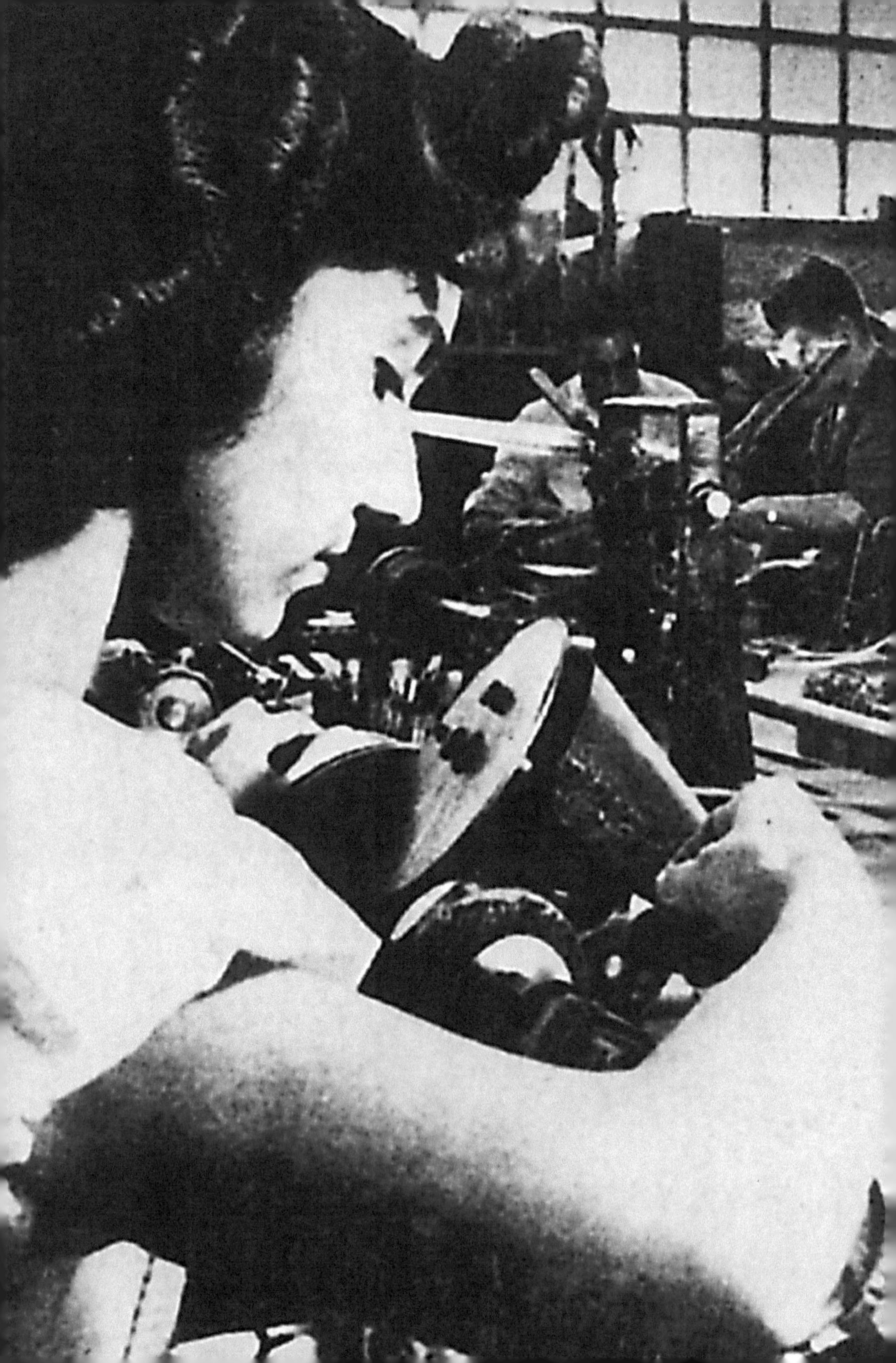

Linha de produção (*Revista São Paulo 110 anos da industrialização*, São Paulo: Editora Três, [1992]. p. 108.).

Programa de Expansão da Educação Profissional
Criado em 24 de novembro de 1997, para ser desenvolvido até 2006, o Programa de Expansão da Educação Profissional, Proep, é uma iniciativa do Ministério da Educação que dispõe de um orçamento de US$ 500 milhões, dos quais US$ 25 milhões são empréstimos do Banco Interamericano de Desenvolvimento, BID, com igual contrapartida dos orçamentos do Ministério da Educação e do Fundo de Amparo ao Trabalho, FAT, do Ministério do Trabalho.

Seu objetivo é a implantação da reforma da educação profissional, por meio da ampliação de vagas e da diversificação da oferta de cursos, em escolas novas ou existentes, em sintonia com as demandas do mundo do trabalho e com as exigências da moderna tecnologia.

As ações do Proep abrangem tanto a construção ou reforma e ampliação de centros de educação profissional como a aquisição de equipamentos de laboratórios, material didático, capacitação de docentes e pessoal administrativo. Referem-se, também, à criação e implantação de todas as políticas e instrumentos necessários à efetiva implantação da reforma da educação profissional, prevista na Lei de Diretrizes e Bases da Educação Nacional (9.394/96) e explicitada no Decreto Federal 2208/97. (Grupo técnico para elaboração de resposta de políticas para adolescentes de baixa escolaridade e renda, 2002.)

> **Das pesquisas de Maria Rita:**
> Futuro incerto para os jovens brasileiros: uma pesquisa feita pela Unesco revelou que os brasileiros entre 18 e 25 anos estão desiludidos em relação ao futuro do país: 24% deles não acreditam em nenhuma possibilidade de me-

> lhorar de vida. A desesperança agrava-se pela falta de oportunidades de participação em atividades de lazer ou de programações esportivas e culturais realizadas nas escolas, nos bairros ou em outros locais da cidade. Sem perspectivas, são frequentemente atraídos para a rua, onde vivem o mundo do crime, da droga, da fome e da violência. Mas a juventude, imersa simultaneamente na desilusão e na violência, só encontrará saída para a crise quando tiver a chance de participar, de criar e de se envolver em projetos significativos, tanto nas escolas quanto em suas comunidades. (EM FAVELAS..., 2002.)

A conversa prosseguia, um querendo saber do outro.

— Como será que vai ser?

— E se a gente não conseguir?

— Ao menos, nos chamaram sem pedir experiência.

— Vocês têm?

— Nenhuma.

— E como não existe uma faculdade...

— Existe... uma...

— A Casper Líbero. A única faculdade de jornalismo de São Paulo.

— Um dia, quem sabe, vão abrir faculdades e formar jornalistas e os jornais vão pegar os formandos na porta da escola...

— Pensam que estamos nos Estados Unidos?

— Jornalismo nem é profissão reconhecida.

Sonhávamos. Sem saber que demoraria muitos anos para o jornalismo se oficializar como trabalho reconhecido pelo Ministério. Até então, no fundo, éramos amadores. Saímos os três com trabalhos a fazer naquele dia. O curioso é que, ao entrar no jornal, naquela tarde, senti uma estranha segurança. O cheiro da redação, a movimentação, o barulho, os telefones, tudo era meio familiar, me lembrava O *Imparcial* em uma proporção infinitamente maior. Se eu passasse no teste jurei a mim mesmo que garantiria meu lugar. Ia ser melhor do que aqueles três, melhor do que todos. Claro que na minha cabeça ainda ressoavam ecos de um livro que meu pai lia de vez em quando, *Como fazer amigos & influenciar pessoas*, de Dale Carnegie, um clássico da autoajuda, talvez o homem que inventou o gênero. Acreditar em mim, acreditar em mim, eu repetia. Provavelmente esse pensamento me levou ao gesto ousado que me deu a vaga. Esperei das 14 às 17 horas. Celso Jardim nem olhou para nós três, distribuiu os serviços, telefonou, fez reuniões, leu jornais. Penna, Gioia, David e eu, encantados. De repente, o chefe de reportagem atendeu um telefonema e chamou Dorian Jorge Freire, o principal repórter e o melhor redator do jornal, uma estrela.

— Ligue para o hotel Othon e veja quem é o tal Eisenhower que está hospedado lá. Será parente do presidente dos Estados Unidos?

Dorian ligou. Como eram tempos diferentes de hoje, quando um jornalista tem de passar por uma infinidade de assessores até chegar em quem ele precisa. A telefonista do hotel passou diretamente para o quarto do tal Eisenhower. Dorian, fone na mão, virou-se para o Celso:

— O homem está no telefone.

— Peça uma entrevista.

— E eu falo inglês?

— Verdade. Quem será que fala aqui?

Celso chamou um a um os que estavam na redação. Nem mesmo o Ibiapaba Martins, que editava o caderno de variedades e era um dos grandes escritores paulistas, o autor que retratou a saga do café, falava. Lia, mas não falava. Foi quando o chefe se voltou para a turma do banquinho:

— Qual de vocês fala inglês?

Nos entreolhamos. Os outros três ficaram quietos, eu disse, resoluto, seguro:

— Eu falo!

— Pois vá ali e peça uma entrevista ao homem!

Caminhei sob os olhares admirados de todo mundo. O inglês que eu sabia era o do colégio, acrescido às aulas noturnas de Mr. Pimenta, um professor dedicado que se preocupava em melhorar o nível dos alunos, dando aulas gratuitas à noite, para quem quisesse. Além disso, eu treinava tentando entender os diálogos em inglês dos filmes, fechando os olhos, não lendo legendas. Apanhei o telefone, expliquei ao Eisenhower que meu inglês era precário, ele brincou comigo: "E eu nem falo nada de português.". Era um homem cordial, bem-humorado, arquiteto teatral, estava a caminho de Buenos Aires.

— Pode mandar o repórter que ele atende, comuniquei ao Celso Jardim.

— O repórter é você. Veja quem é o homem, sua ficha, sua vida, o que veio fazer aqui, quantos dias vai ficar, sua programação, especialidade. Converse.

Deu-me o que mais tarde viria a se chamar pauta, pediu tranquilidade, chamou um fotógrafo e lá fomos nós. O "tal" Eisenhower se chamava David e era primo do Ike, o presidente e um dos mais célebres generais americanos. Quando eu não entendia, ele escrevia a palavra num papel, ria. Bebi um uísque com ele, fiquei calibrado. Ele encheu um papel com desenhos e voltei ao jornal. Celso me mandou escrever tudo o que tinha se passado, apanhou o texto.

—Você escreve bem, mas a matéria está descosturada, precisa de arranjos. A coisa mais importante, coloque no começo para o leitor ser fisgado. Aqui no meio vá dando pinceladas e deixe alguma coisa surpreendente para o final.

O que ele fez foi editar a entrevista, ainda que a palavra editar não existisse. Ensinou-me o que era gancho — a pegada do leitor — e *lead*, abertura. Reescrevi, ele fez ainda uma modificação e virou-se para mim: "Então, até amanhã. Só vai ter de aprender a escrever rápido, jornal tem prazo de fechamento.". Maravilhado, perguntei: "Até amanhã? Quer dizer que vou ficar?". Ele bateu no meu peito: "Calma, meu jovem, vamos continuar testando.". A verdade é que em quinze dias fui admitido, ganhando Cr$ 3.000

mensais. Quando o primeiro pagamento chegou, o dinheiro do meu pai tinha se acabado há uma semana.

Uma das primeiras reportagens de rua que fiz foi esperar a chegada de um trem de nordestinos na Estação Roosevelt, no Brás. Além dos caminhões paus de arara, era por ali que os migrantes entravam em São Paulo. "Matéria humana", pediu o chefe. "Para emocionar". No trem havia homens, mulheres, jovens, crianças. Não tinham a mínima ideia da cidade em que desembarcavam, mostravam-se assustados, o trem tinha atravessado por um largo trecho de subúrbios. O tamanho impressionava, a maioria vinha de vilarejos. Chegavam, todavia, animados: "Viemos fazer automóveis", exclamavam com um sotaque musical. Os jovens queriam ficar ricos logo. "Vamos construir prédios", diziam outros que traziam certa vivência como pedreiros ou carpinteiros. Um deles, me encantou. Trazia a sanfona e anunciou: "Vim pra tocar em forrós.".

Segui muitas vezes para a porta de fábricas, para entrevistar gente nas filas monumentais que se estendiam pelas vizinhanças da Via Anchieta. A região do ABC começava a explodir. Admitia-se gente, admitia-se estagiários, técnicos, entrava gente com experiência e sem. A *Última Hora* foi um jornal criado sob a égide de Getúlio Vargas, numa proposta de Samuel Wainer: ter um jornal que defendesse os trabalhadores brasileiros. A grande imprensa, alegava, estava nas mãos de oligarquias que eram contra Vargas e condenavam sua política trabalhista. Assim, *UH* passou a ser a publicação onde operários e sindicatos recebiam a maior cobertura, setores desprezados pela mídia, palavra que ainda não era corrente. O jornal vendia em bancas — e vendia bem — sem ter assinaturas, novidade para a época.

Criou-se uma seção muito popular e procurada: Fala o Povo. Pela redação, todos os dias, desfilavam pessoas reclamando, protestando, reivindicando. Era uma coluna conduzida em São Paulo por Alderabã Cavalcanti, que possuía uma paciência infinita e um coração que o levava a se emocionar com os casos. Dentro de Fala o Povo surgiu um pequeno departamento que cresceu, o de Primeiros Empregos. Como Alderabã estava assoberbado, como ele mesmo dizia em seu linguajar nordestino e cadenciado, a cada semana um repórter

Banca de jornal (Nivaldo Honório da Silva).

se ocupava de Primeiros Empregos. Na frente de *UH* estendia-se, todos os dias, uma fila de gente que não podia comprar os jornais tradicionais que traziam classificados. Na grande mesa da redação amontoavam-se diversos exemplares dos cadernos de classificados que eram pesquisados voluptuosamente e chegavam estraçalhados ao meio-dia, quando se fechava a coluna. Tínhamos de ouvir, orientar, ler os anúncios, telefonar dali mesmo, ajudar as pessoas, que tanto eram jovens quanto maduros, recém-chegados do campo, do interior ou do Nordeste, além de estrangeiros que nem falavam a língua. Era incrível o que se conseguia, mesmo quando aportavam pessoas com pedidos singulares que nos desafiavam e divertiam: arranjei lugar no Circo Garcia para um amestrador de focas, certa vez. Era raro não se colocar cem pessoas por dia. Hoje, seria uma agência, mas naquela época era um serviço do jornal e arranjar empregos não era maratona.

No fim dos anos 1950, nenhum outro jornal se atrevia a empregar o número de mulheres que a *Última Hora* empregava. Havia diagramadoras, retocadoras, redatoras, repórteres, colunistas, arquivistas, setoristas de política, fotógrafas, laboratoristas e houve mesmo uma motorista dos jipes de reportagem. Várias delas estavam deslumbradas, porque era o primeiro emprego; e em jornal. Uma, Yvonne Fellman, era repórter-geral. Hoje é editora de livros de primeira linha em Portugal. Outra, Vilma Bacos, tinha um texto perfeito, invejável. Pouco depois, outra repórter teria na *UH* seu primeiro emprego, Clarice, mais tarde Herzog, por se casar com Vladmir, um dos mártires da ditadura, morto nas dependências do Doi-Codi. Foi um pioneirismo implantado pelo Samuel Wainer, algo que nos ajudou, desde muito jovens, a encarar as transformações da sociedade e do comportamento e de um mundo masculino obrigado a ceder espaço.

Meu primeiro emprego estava consolidado. O Brasil seria dos jovens, era a promessa que estava no ar. Vivia-se a era Juscelino Kubitschek, o Brasil desenvolvimentista, os cinquenta anos em cinco a implantação de indústrias, de um futuro feliz, cheio de bens de consumo. Abriam-se estradas e programava-se Brasília, destinada a conquistar o interior. O mundo também mudava, dançava o rock, ouvia-se Elvis Presley, Bill Halley e seus Cometas, Little Richard, Chuck Berry, a tecnologia prometia grandes avanços para os rádios, telefones e aparelhos de televisão, o plástico começava a dominar a vida cotidiana, uma palavra nova, computador, passou a fazer parte do universo, cultuava-se a nudez de Brigitte Bardot, Kruschev governava a Rússia, Fidel Castro preparava sua revolução em Cuba, a *pop art* era a tendência, o cinema americano entrava em declínio, o cinema novo brasileiro dava seus primeiros passos.

Se a narrativa, até aqui, foi em sequência, num depoimento extremamente pessoal, ainda que procurando ser abrangente, porque a história de um jovem era, no fundo, a de todos com o mesmo ideal, o de obter emprego e fazer carreira, daqui em diante vai se narrar mais genericamente, porque a velocidade de tudo passou a ser espantosa e as mudanças do mundo e do Brasil tão céleres, que afetaram tudo, inclusive o mercado de trabalho e o

O liquidificador Arno, o refrigerador General Electric e os rádios importados. Estes abriram caminho para as "victrolas" e "electrolas" como as Victor (*Revista São Paulo 110 anos da industrialização*, op. cit.).

destino das pessoas. Vivi o jornal da linotipo, do clichê a zinco, da impressão em máquina plana, da rama com as páginas em chumbo. Depois, vieram a rotativa, a telefoto, o teletipo, a diagramação feita por *designers*, a mudança das câmeras Speedgraphic para Rollerflex e para as de 35 mms. Depois, os fotolitos em celuloide, substituindo chapas de chumbo. As máquinas de escrever Royal substituídas por Olivettis, e as manuais trocadas por elétricas, até chegar aos computadores. Da foto e impressão em preto e branco às cores. Do telefone de manivela aos pretinhos com disco, mas onde se pedia a ligação interurbana à telefonista (com horas de espera) até a era do DDD e DDI, ao celular, ao viva-voz, às teleconferências. Da telefoto à transmissão de fotos em alta resolução pela internet. De textos redigidos em outras cidades ou países e enviados por malotes ou por correio à internet ou à transmis-

Notas de euro (Stock Photos).

são instantânea para páginas à espera na gráfica. Do fotolito em celuloide ao CD-ROM com jornais ou revistas inteiras dentro de um disquete. Da gradual diminuição do tamanho dos computadores até chegar aos *laptops* e *palmtops* e outros tops que virão, cada vez menores.

Enquanto a população mundial aumentou, as fronteiras diminuíram, tudo se internacionalizou, se globalizou, continentes se tornaram países, dinheiros desapareceram em favor de uma moeda única. Houve uma explosão demográfica incontrolável, o urbanismo se acentuou, as cidades incharam, os campos esvaziaram. São Paulo saltou de 4 para 18 milhões em menos de meio século. A população brasileira está perto dos 200 milhões. O processo de favelização cresceu acelerado, a automação gradualmente foi dissolvendo os empregos, diminuindo os postos de trabalho. Quando se entra num banco hoje, desapareceram os caixas e gerentes, substituídos por caixas eletrônicos. Não se precisa ir a um banco para fazer uma operação, o telefone ou a internet substituem. E assim, em cada setor. Aprende-se a operar a máquina, mas não existem máquinas em número suficiente para garantir emprego a cada leva de jovens formados que as escolas despejam.

E o que presenciamos na estrutura brasileira? Márcio Porchmann aproveita o *slogan* de uma das campanhas publicitárias que maior repercussão tiveram no Brasil, em um ensaio intitulado *O primeiro emprego a gente nunca esquece*, e acentua que, hoje em dia, "O padrão de inserção ocupacional do jovem apresenta sinais inquestionáveis de alteração. Inicialmente, destaca-se uma crescente instabilidade do padrão ocupacional do jovem diante da baixa capacidade de a economia brasileira gerar postos de trabalho mais qualificados e em grande quantidade. Os empregos que são criados, além de insuficientes são, em geral, precários, principalmente nos setores de serviços básicos (limpeza, segurança, garçons etc.). Além de serem vagas instáveis e de baixa qualificação, a sua ocupação termina ocorrendo, na maioria das vezes, por trabalhadores adultos com escolaridade mais elevada e alguma qualificação profissional. Isto faz que, de um lado, as antigas portas de ingresso dos jovens no primeiro emprego terminem sendo fechadas (construção civil, bancos, serviços na grande empresa e administração pública) e, de outro lado, as vagas existentes sejam ocupadas preferencialmente pelos adultos com maior escolaridade e qualificação.".

O bolor das velhas respostas

Ao mesmo tempo, as universidades (privadas e públicas) e as faculdades proliferaram, expandiram-se as escolas profissionalizantes, os cursos nascem a cada momento, porque uma nova técnica é descoberta, um novo ramo se expande. E quando se abre um jornal hoje depara-se com uma série de ofícios que nasceram nos últimos dez anos, provocados pela tecnologia crescente. Obriga-se uma pessoa a ser cada vez mais especializada, seja na medicina, onde um médico se ocupa do nervo ótico do olho esquerdo, ao dermatologista que cuida de alergias das plantas dos pés. Palavras entram a cada dia no vocabulário: informática, *excel*, logo, *franchise*, *link*, *merchandise*, *marketing*, digitais, *web designer*, *desktop publisher*, *hardware*, RH, *telemarketing*, pesquisa de mercado, logística, analista de mercado, *general manager*, *skynet*, paisagismo, *corporation*, OPTLMK, manobrista, médico ecografista, especialista *marketing* e adv., ativo, gerente de PCP, *head hunter*, impressor GTO, promotor de MKT, especialista em *commodities*, operador de CAD, *controller*, consultor de gestão, *loss prevention engineering*, *facilities planning*. Dicionários especializados destrincham o significado de profissões novas que surgem a cada momento e exigem técnicos determinados. De algumas décadas para cá, à medida que a oferta passou a ser maior do que a procura, infinitamente maior, os anúncios classificados tiveram um acréscimo complicatório: o tempo de experiência. Uma discussão permanente.

Como ter experiência se não há como entrar no primeiro emprego? O primeiro emprego é o fantasma que assombra. A aventura, a adrenalina, o

Anúncios de emprego.

impossível. Experiência de seis meses, um ano, dois, tudo depende do ofício e do cargo. Ao mesmo tempo, as demissões acontecem. Quem diria, dez anos atrás, que um presidente de empresa, um alto executivo, seria demitido? Hoje, é. Não existem mais cargos intocáveis. Caem todos. Uma oferta de trabalho provoca uma fila de duas ou três mil pessoas, de todas as idades possíveis. Velhos disputam com jovens, experientes concorrem com jovens que necessitam do emprego, do primeiro emprego, da sobrevivência. Por que os cadernos de empregos são os setores mais lidos do jornais? O da *Folha de S.Paulo*, por exemplo, tem quase 671 mil leitores, sendo 327 mil do sexo masculino e 343 mil do feminino. Do total, 455 mil pertencem às classes A e B; portanto a crise grassa também nas classes mais altas.

André Siqueira, ao falar de trabalho e primeiro emprego, vai, contudo, mais longe: "Quem já passou pela experiência de buscar o primeiro emprego sente calafrios ao recordar as incertezas e o medo do fracasso, para citar apenas duas das sensações que marcam essa etapa da vida profissional. Que dizer então da necessidade de passar por tudo isso de novo, quando a carreira parecia estar seguindo tão bem? O chamado processo de recolocação, indicado para quem perdeu ou deixou o emprego e quer retomar a atividade em outra empresa, pode ser tão difícil quanto o primeiro mergulho no mercado, mas também pode dar bons resultados se o candidato souber utilizar seus contatos profissionais e valorizar sua experiência quando estiver diante dos possíveis empregadores.".

É um problema tão sério e grave quanto a fome e a miséria no Brasil. Quanto a violência. O desemprego empurra os jovens para a ociosidade, o trabalho informal, as atividades paralelas, para o ilícito, quando não para o tráfico, a marginalidade. A cada ano, milhares de faculdades despejam nas ruas milhões de jovens com os diplomas debaixo do braço. Gente que cai no vazio, obrigada a descobrir uma maneira de sobreviver. Não se pensa mais em carreira, a primeira ambição é um posto que permita manter-se, comer.

"A porta do mercado nunca foi tão estreita para os jovens... Jovem é aquele que tem entre dezesseis e 24 anos, massa equivalente a 20% da população economicamente ativa. O Ministério do Trabalho e Emprego decidiu aferir o peso do desemprego sobre a juventude", analisa José Eduardo Costa. "A pesquisa do governo constatou que os mais jovens significam 44% do total de desocupados. Considera-se desocupada a pessoa que procurou emprego no mês anterior ao da entrevista. Perceba a desproporção: os jovens representam um quinto da força produtiva, mas concentram mais de dois quintos dos desempregados... 'O ingresso de rapazes e moças no mercado de trabalho enfrenta dificuldades conhecidas. As empresas alegam falta de experiência, excesso de encargos sociais na contratação e exagero de despesas na demissão', salienta o sociólogo José Pastore. A novidade no caso brasileiro é que o nível de desemprego entre os jovens chegou a um patamar elevado demais."

"A geração de postos de trabalho de qualidade foi bastante reduzida na última década. Segundo dados do IBGE/PNAD, enquanto a População Economicamente Ativa, PEA, cresceu em aproximadamente 17 milhões de trabalhadores, o saldo líquido foi de apenas 506 mil novos empregos formais", acentua o documento *Adolescência, escolaridade, profissionalização e renda*. "Houve uma significativa redução no emprego industrial e crescimento da ocupação nas atividades comerciais e de serviços, estando nestas últimas 55,8% dos postos de trabalhos formais da economia brasileira no final dos anos 90."

Por esta razão é que Márcio Porchmann, especialista que vem se debruçando exaustivamente sobre a questão, assinala: "Cada vez mais são necessárias atenções especiais direcionadas à situação da juventude no Brasil. O atual padrão ocupacional do jovem sinaliza o agravamento do quadro de marginalização e desagregação social produzido pela condução das políticas macroeconômicas e reproduzido pelo funcionamento desfavorável do mercado de trabalho. A situação de crescente quantidade de jovens sem emprego pode ser distinguida por intermédio de quatro categorias novas de desemprego: de inserção, recorrente, de reestruturação e de exclusão. Por desemprego de inserção entende-se a condição do jovem que está à procura, por um longo período de tempo, do seu primeiro emprego. Por não possuir experiência profissional acumulada, ainda que possa dispor de escolaridade elevada, o jovem tende a ter dificuldades adicionais para ingressar no mercado de trabalho. Assim, o desemprego de inserção constitui o primeiro contato do jovem com o mercado de trabalho após a passagem pelo sistema educacional.".

Por outro lado, despontam aqui e ali reações, pequenas luzes, brechas que marcam esperanças. Uma delas estava em recente reportagem de Márcia de Chiara: "Profissões ligadas às áreas do agronegócio, meio ambiente, terceiro setor, biotecnologia, turismo, educação física e nutrição, que têm em comum preocupação com bem-estar do ser humano, começam a figurar entre as mais promissoras para os próximos anos. Essas novas carreiras dividem o espaço com aquelas ligadas à pura tecnologia, como informática ou às tradicionais, como administração, finanças e direito, que resistem ao tempo.". Segundo o diretor de Seleção e Qualidade da consultoria Adecco de recursos humanos, Wander Mello, essa tendência está se delineando porque, depois da onda tecnológica, constatou-se que o que faz a diferença entre as empresas são as pessoas. "A empresa pode ter um computador de última geração, mas o fundamental é que tenha uma pessoa que saiba fazer as coisas andarem."

Roberto Shinyashiki é um dos autores mais vendidos do Brasil. Ele é um especialista na arte de ser bem-sucedido, de chegar ao sonho e aos objetivos pretendidos. Entrevistado pela revista *Tudo Emprego*, em maio de 2001, ele alinhou algumas regrinhas básicas para aqueles que estão tentando o primeiro emprego, que lutam para entrar no mercado de trabalho:

1. Comece a trabalhar ou estagiar antes de terminar a faculdade, mesmo que seja sem remuneração, para ganhar experiência.
2. Não fique parado esperando uma vaga numa grande empresa. As pequenas podem ser até melhores para quem está começando. Nelas você desenvolve diversas funções e adquire uma visão global do negócio.
3. Ao começar em um estágio ou emprego, tenha iniciativa. Procure oportunidades para servir e mostrar que você é imprescindível.
4. Tanto na escola quanto no emprego, seja o "trouxa". Sabe, aquele que, na faculdade, faz o trabalho sozinho e deixa os outros assinarem? Esse vai mais longe.
5. Busque a carreira trabalhando para um grande líder.

É melhor ocupar uma posição mais baixa trabalhando para um campeão do que um cargo melhor com um chefe medíocre. Com o campeão, você aprenderá a ser campeão. Com o chefe medíocre, a fazer gambiarras. E lembre-se: uma das características comuns dos grandes líderes é cobrar muito e elogiar pouco. Quanto mais exigente ele for, melhor para você.

6. Não pare nunca de estudar. E procure fazer cursos em que você seja o pior aluno — nesses, você terá mais a aprender.

E a revista *Veja* também joga sua luz: "Uma forma de encurtar a distância entre os jovens universitários e o mercado de trabalho está se alastrando com rapidez pelas faculdades brasileiras, e os estudantes devem ficar atentos a ela. Hoje em dia existem no país cerca de 400 empresas juniores, um tipo de organização que surgiu na França, nos anos 60, e chegou ao Brasil no final da década passada. Trata-se de pequenas empresas administradas por alunos de faculdade. São eles que buscam os clientes no mercado e, orientados por professores, prestam serviços como se fossem profissionais.".

O mundo do trabalho assumiu novas formas e significados. Octavio Ianni vê de forma bastante clara as novas relações: "Na época da globalização do capitalismo, o mundo do trabalho torna-se realmente mundial, deixando de ser uma metáfora. Agora, ele se dinamiza segundo o jogo das forças sociais que constituem, organizam, movimentam e tensionam a sociedade global.".

A verdade é que as velhas respostas criaram bolor, ficaram rançosas, nada têm a ver com a realidade do país e do mundo. Cada jovem deve assumir que está vivendo uma nova era, diferente de todas as anteriores e que precisará descobrir como se movimentar dentro dela, empregando criatividade, ousadia. Cada vez mais se fala na criação de uma empresa, ou seja, o jovem já começa patrão, descobre um nicho, encontra um segmento, inventa uma solução para uma necessidade que parte da observação, pesquisa, estudo. Cada um será patrão/empregado ainda que de uma microrganização, em lugar de se tornar empregado assalariado.

Pode ser que a era dos assalariados mensais esteja se acabando. Dentro de alguns anos, cada um será empresário/empresa e a nova ordem se pautará por esse formato. Não mais empregados, mas sim patrões/empregados, tudo numa pessoa só, um ser único e híbrido, uma cabeça que precisa esquecer o passado, para raciocinar apenas pelo futuro, porque o futuro é cada instante que chega.

Bibliografia

"O mundo do trabalho", por Octavio Ianni, em São Paulo, em Perspectiva, revista da Fundação Sedae, volume 8, número 1.

Adolescência, escolaridade, profissionalização e renda. Publicação do grupo Técnico para Elaboração de Resposta de Políticas para Adolescentes de Baixa Escolaridade e Renda, dezembro de 2002.

Adolescência, escolaridade, profissionalização e renda. São Paulo, Ação Educativa, 2002.

"Jovem vai demorar mais para entrar no mercado", por Mauricio Esposito, Folha de S.Paulo, São Paulo, 30 de maio de 1999.

"Experiência ajuda profissional na recolocação", por André Siqueira, O Estado de S.Paulo, São Paulo, 8 de junho de 2003.

"O preparo para o primeiro emprego", por Vera Dantas, O Estado de S.Paulo, São Paulo, 8 de junho de 2003.

"Dedicação é arma para eliminar concorrentes", O Estado de S.Paulo, São Paulo, 8 de junho de 2003.

"Emprego e desemprego no Brasil", por Márcio Porchmann, Movimento, n. 1, São Paulo, maio de 2000.

"O primeiro emprego a gente nunca esquece", por Márcio Porchmann, Democracia Viva, Ibase, Rio de Janeiro, novembro de 2000/fevereiro 2001.

"Em favelas brasileiras, os jovens frequentam escolas de informática e cidadania", Le Monde, Paris, 17 de março de 2002.

"Estudante e a empresa júnior", revista Veja, São Paulo, 14 de abril de 1999.

"Profissões em alta", por Márcia de Chiara, O Estado de S.Paulo, São Paulo, 8 de junho de 2003.

"O mercado para jovens", por José Eduardo Costa, revista Veja, São Paulo, junho de 2003.

Glossário

Bill Halley e seus Cometas. Uma banda de rock que incendiou os anos 1950, quando esse gênero de música agitou a juventude do mundo. *Rock around the clock* foi um de seus megassucessos.

Brigitte Bardot. Nasceu em 1934. Lançada no filme *E Deus criou a mulher*, Brigitte foi um furacão que incendiou o mundo e se tornou o símbolo de libertação sexual da mulher. Seus personagens eram arrojados e destemidos, a nudez nela era natural. Entre as mulheres memoráveis que ela inspirou ficou *Barbarella* (interpretada no cinema por Jane Fonda), a mulher espacial, do futuro, cuja moda influenciou tudo nos anos 1960.

Camilo Sampaio. Diretor de produção independente mas que trabalhou em alguns filmes da Vera Cruz, como *Sinhá-moça*. Diretor de produção, era o técnico encarregado de trazer para o estúdio os objetos necessários à cena: móveis, automóveis, cortinas, luminárias, revistas etc.

Carlos Lacerda (1914-1977). Político, jornalista e escritor. Foi deputado e governador do estado do Rio de Janeiro. Fundador do jornal *A Tribuna de Imprensa*. Polemista, arrojado, fez campanha contra Getúlio.

Celso Lafer. Nascido em São Paulo em 1924, é cientista político, ensaísta e professor da USP. Foi ministro das Relações Exteriores no governo Fernando Henrique Cardoso.

Cidadão Kane. Filme de 1941, dirigido por Orson Welles, o qual introduziu uma nova linguagem no cinema americano, moderna e provocativa. Um filme ousado, revolucionário, que conta a vida de um magnata da imprensa sem escrúpulos. Considerado um dos cem melhores filmes de todos os tempos.

Elvis Presley (1935-1977). Ex-motorista de caminhão, tornou-se um cantor que modificou o panorama da música no mundo com o rock'n roll. O maior mito de todos os tempos.

Ernest Hemingway (1899-1961). Escritor americano, Prêmio Nobel de Literatura em 1954. Seus livros mais conhecidos são *O velho e o mar*, *Por quem os sinos dobram* e *Adeus às armas*. Seu estilo enxuto, seco, influenciou gerações de escritores. Foi igualmente um grande jornalista.

Getúlio Vargas (1883-1954). Presidente do Brasil por duas vezes. Entre 1930 e 1945 e entre 1951 e 1954. Chamado "o pai dos pobres", fez leis que beneficiaram os trabalhadores brasileiros. Mas foi igualmente visto como um ditador. Suicidou-se em 24 de agosto de 1954.

Graciliano Ramos (1892-1953). Um dos maiores escritores brasileiros de todos os tempos, autor de *Vidas secas, Angústia, São Bernardo, Caetés* e *Memórias do cárcere*. Foi também prefeito de Palmeira dos Índios (AL), dono de escola, diretor de instituição pública, inspetor federal de ensino e comerciante.

Ibrahim Sued (1924-1995). Colunista social que marcou época no Rio de Janeiro dos anos 1950 aos 1990. Criou um novo estilo de jornalismo. Manteve uma coluna em *O Globo* por mais de 45 anos.

Ike Eisenhower (1890-1969). General norte-americano que teve atuação decisiva na Segunda Guerra Mundial. Foi também presidente dos Estados Unidos.

Jacinto de Thormes. Foi o pseudônimo de Manuel Bernardez Müller, também conhecido como Maneco Müller. Ele revolucionou a antiga crônica social que antigamente noticiava aniversários e casamentos apenas. Transportou para o Brasil o colunismo americano da época que incluía política, economia, cultura, esporte, geral, de maneira saborosa, porque era homem culto e escrevia muito bem. Foi dos jornalistas mais lidos do Brasil no seu tempo. Nos meus anos de *O Imparcial*, minha coluna social pautava-se pela dele, foi um ídolo, um modelo para mim.

John Steinbeck (1902-1968). Escritor americano, foi Prêmio Nobel de Literatura em 1962. Um homem que dedicou sua literatura às causas sociais. Escreveu *As vinhas da ira, A leste do Éden* (adaptado para o cinema como *Vidas amargas*, o segundo filme de James Dean, o ídolo da juventude nos anos 1950), *Ratos e homens*, entre outros.

José Celso Martinez Corrêa. Nascido em Araraquara em 1937, estudou direito, mas dedicou sua vida toda ao teatro. Fundou o Grupo Oficina que provocou uma revolução nos anos 1960 e 1970, com peças como *O rei da vela, Galileu, Gracias señor, Pequenos burgueses* e *Roda viva*.

Juscelino Kubitschek (1902-1976). Político mineiro que chegou à presidência da República. Fundou Brasília e implantou um plano de desenvolvimento sem igual na história do Brasil: o dos cinquenta anos em cinco. Em seu governo começou realmente a industrialização do país.

Liliana Segnini. É socióloga, catedrática da Unicamp, autora de *Ferrovia e ferroviários*. Uma análise do poder disciplinador na empresa. São Paulo: Cortez, 1984.

Nikita Kruschev (1894-1971). Líder russo entre 1953 e 1964. Denunciou os crimes que Stalin cometeu contra a liberdade, abrindo aquele país até então fechado ao mundo. Havia na época uma forte rivalidade entre Estados Unidos e Rússia, a que se deu o nome de Guerra Fria. Kruschev contribuiu para as relações se estreitarem. Era um homem intempestivo, bem-humorado, carismático.

Octavio Ianni (1926-2004). Nascido em Itu, interior de São Paulo, em 1926. Sociólogo brasileiro, do mesmo time da Universidade de São Paulo de onde saiu Fernando Henrique Cardoso. Fundador do Cebrap, Centro Brasileiro de Análise e Planejamento, que se dedica a analisar em profundidade o Brasil e nossos problemas.

Ozualdo Candeias (1922-2007). Nasceu em Cajobi, interior de São Paulo, em 1922. Cineasta, seu filme mais conhecido é *A margem*. Realizador que influenciou o nascimento do chamado "cinema da boca do lixo" em São Paulo. Sempre fez filmes marginais, de baixo orçamento e influenciou muito uma geração de novos diretores.

Roberto Santos (1928-1987). Cineasta. A ele se atribui o nascimento do cinema novo paulista nos anos 1950 com o filme *O grande momento*. Dirigiu a melhor adaptação que se conhece de Guimarães Rosa, *A hora e a vez de Augusto Matraga*. Também levou Machado de Assis ao cinema com *Quincas Borba*.

Rodolfo Valentino. Filme de 1951, dirigido por Edward Small, com Anthony Dexter, um sósia de Valentino, que nos anos 1930 foi o maior galã do cinema mudo (algo como o Leonardo Di Caprio ou o Brad Pitt de seu tempo), amado pelas mulheres do mundo inteiro. Um mito.

Samuel Wainer (1912-1980). Jornalista. Foi repórter dos *Diários Associados* até convencer Getúlio Vargas, que se encontrava isolado em São Borja, a abrir um jornal para a defesa dos trabalhadores. *Última Hora*, o jornal, mudou a cara da imprensa brasileira nos anos 1950, com um desenho gráfico audacioso e bem-humorado. O jornal praticamente se extinguiu com o golpe militar de 1964.

Vera Cruz. Estúdio de cinema fundado no fim dos anos 1940 em São Paulo e que teve curta duração. Os filmes feitos ali tiveram um alto apuro técnico, até então inexistente no cinema brasileiro. A Vera Cruz realizou, entre outros filmes, *O cangaceiro*, *Sinhá-moça*, *Terra é sempre terra* e *Tico-tico no fubá*.

Ignácio de Loyola Brandão. É paulista de Araraquara SP. Nascido em 1936, aos dezesseis anos começou a trabalhar como jornalista no jornal *Correio Popular* (Araraquara), profissão que ainda exerce e que influenciou diretamente sua ficção.

Uma característica marcante do trabalho de Loyola é a sua narrativa repleta de experimentos técnicos — como a inclusão de trechos jornalísticos e *flashes* da vida cotidiana. Além disso, o autor tece a trama com tamanha habilidade que faz o leitor decifrar de novas maneiras a realidade que o cerca. O resultado é um trabalho inovador, no qual a perspectiva popular prevalece sobre as estruturas tradicionais da ficção. A linguagem coloquial, a agilidade dos diálogos e a preocupação com o desenvolvimento de uma trama que prenda o leitor também estão presentes em sua obra, e refletem um posicionamento todo particular diante da literatura.

Obras do Autor

Depois do sol, contos, 1965
Bebel que a cidade comeu, romance, 1968
Pega ele, Silêncio, contos, 1969
Zero, romance, 1975
Dentes ao sol, romance, 1976
Cadeiras proibidas, contos, 1976
Cães danados, infantil, 1977
Cuba de Fidel, viagem, 1978
Não verás país nenhum, romance, 1981
Cabeças de segunda-feira, contos, 1983
O verde violentou o muro, viagem, 1984
Manifesto verde, cartilha ecológica, 1985
O beijo não vem da boca, romance, 1986
Noite inclinada, romance, 1987 (novo título de *O ganhador*)
O homem do furo na mão e outras histórias, contos, 1987
A rua de nomes no ar, crônicas/contos, 1988
O homem que espalhou o deserto, infantil, 1989
O menino que não teve medo do medo, infantil, 1995
O anjo do adeus, romance, 1995
Strip-tease de Gilda, novela, 1995
Veia bailarina, narrativa pessoal, 1997
Sonhando com o demônio, crônicas, 1998
O homem que odiava a segunda-feira, contos, 1999
Melhores contos Ignácio de Loyola Brandão, seleção de Deonísio da Silva, 2001
O anônimo célebre, romance, 2002
Melhores crônicas Ignácio de Loyola Brandão, seleção de Cecilia Almeida Salles, 2004
Cartas, contos (edição bilíngue), 2005
A última viagem de Borges – uma evocação, teatro, 2005
O segredo da nuvem, infantil, 2006
A altura e a largura do nada, biografia, 2006
O menino que vendia palavras, infantil, 2007
Não verás país nenhum – edição comemorativa 25 anos, romance, 2007
Os escorpiões contra o círculo de fogo, infantojuvenil, 2009
Você é jovem, velho ou dinossauro?, almanaque, 2009
Zero – edição comemorativa 35 anos, romance, 2010
O primeiro emprego – uma breve visão, reportagem, 2011
O mel de Ocara, crônicas, 2013
Se for pra chorar que seja de alegria, crônicas, 2016

Projetos especiais

Edison, o inventor da lâmpada, biografia, 1974
Onassis, biografia, 1975
Fleming, o descobridor da penicilina, biografia, 1975
Santo Ignácio de Loyola, biografia, 1976
É gol, 1982
Polo Brasil, documentário, 1992
Teatro Municipal de São Paulo, documentário, 1993
Olhos de banco, biografia de Avelino A. Vieira, 1993
A luz em êxtase, uma história dos vitrais, documentário, 1994
Itaú, 50 anos, documentário, 1995
Oficina de sonhos, biografia de Américo Emílio Romi, 1996
Addio Bel Campanile – a saga dos Lupo, biografia, 1998
Leite de rosas, 75 anos – uma história, documentário, 2004
Adams – sessenta anos de prazer, documentário, 2004
Romiseta, o pequeno notável, documentário, 2005
Desvirando a página – a vida de Olavo Setubal, biografia, 2008
Ruth Cardoso – fragmentos de uma vida, biografia, 2010